Se libérer de ses blocages

Dans la collection Eyrolles Pratique

- *Réfléchir vite et bien*, Edward de Bono
- *Mieux vivre avec l'analyse transactionnelle*, Alain Cardon
- *Sortir des conflits avec les autres*, Christophe Carré
- *La PNL*, Catherine Cudicio
- *Avoir une sexualité épanouie*, Catherine Cudicio
- *Le coaching pour mieux vivre*, Catherine Cudicio
- *Mieux connaître sa personnalité*, Jean-François Decker
- *Petit guide de la retraite heureuse*, Marie-Paule Dessaint
- *La graphologie pour mieux se connaître*, Marylène Estier et Nathalie Rabaud
- *Savoir et oser dire Non*, Sarah Famery
- *Être soi sans culpabiliser*, Sarah Famery
- *Avoir confiance en soi*, Sarah Famery
- *Se libérer de ses peurs*, Sarah Famery
- *Proverbes psy pour mieux vivre*, Ysidro Fernandez
- *Slow down*, John Hapax
- *Mieux vivre avec ses émotions*, Didier Hauvette
- *La Gestalt-thérapie expliquée à tous*, Chantal Higy-Lang et Charles Gellman
- *Découvrir la musicothérapie*, Édith Lecourt
- *Oser s'exprimer*, Guyette Lyr
- *Ce que disent vos rêves*, Miguel Menning
- *Couple : où en êtes-vous ?*, Catherine Olivier
- *La sophrologie*, Agnès Payen de La Garanderie
- *Manipulation : ne vous laissez plus faire !*, Jacques Regard
- *Les émotions tout simplement*, Jacques Regard
- *Comprendre la crise d'adolescence*, Françoise Rougeul
- *La psychogénéalogie expliquée à tous*, Isabelle de Roux et Karine Segart
- *La graphologie tout simplement*, Michelle Sardin
- *Les troubles du comportement alimentaire*, Laëtitia Sirolli

Sarah Famery

Se libérer de ses blocages

Deuxième édition

Deuxième tirage 2012

EYROLLES

Éditions Eyrolles
61, bd Saint-Germain
75240 Paris Cedex 05
www.editions-eyrolles.com

Mise en pages : Istria

ISBN : 978-2-212-54809-9

Sommaire

Avertissement

Compte tenu de l'ampleur et de la complexité du sujet, certaines grandes peurs ou grandes angoisses mériteraient à elles seules un ouvrage entier. De même, certains mécanismes à l'origine des peurs vaudraient la peine d'être approfondis, développés, pour en saisir toutes les nuances, les déclinaisons et les articulations entre eux.

Dans cet ouvrage pratique, j'ai pris le parti de donner les premières clés, les premières réponses, les principaux éléments de décodage et de clarifier les notions incontournables pour savoir comment se libérer de ses blocages et de ses peurs.

Introduction

S'épanouir et se réaliser

Qui ne désire pas être lui-même, s'affirmer, se sentir libre, vivre des relations harmonieuses, faire ce qu'il souhaite, oser changer, entreprendre, aimer et être aimé... en d'autres termes, se réaliser et s'épanouir ?

Pourtant ces désirs humains, si naturels et légitimes, ne sont pas toujours les plus simples à réaliser.

Peur de décevoir, peur de l'autre, peur de se tromper, peur de ne pas être à la hauteur, peur de ne pas être aimé, peur du conflit, peur d'être soi-même, peur de perdre, peur d'aimer... Plus ou moins cruellement et durablement, ces difficultés empêchent de s'exprimer, de s'épanouir, de vivre plus librement, empoisonnent l'existence ou deviennent un véritable frein au bonheur et à la réalisation de soi quand elles ne les mettent pas en péril !

De fait, que de choses réussirait-on à faire, à dire, à surmonter si l'on avait moins peur ! Et que de bénéfices en tirerait-on ! Chacun, en lui-même, pour lui-même, le sait bien.

Au-delà des peurs pathologiques – phobies et inhibitions sexuelles – répertoriées comme telles par la théorie psychanalytique, les peurs de « vie » sont au quotidien des freins à la réalisation personnelle.

Comprendre et dépasser ses « peurs » : la clé pour évoluer

Identifier, cerner sa peur, comprendre quelle en est l'origine, libérer les émotions qui y sont associées ; telles sont les clés pour dépasser blocages, indécisions, répétitions, inhibitions, résistances, pour sortir de l'impasse et pouvoir se réaliser pleinement.

Par expérience, l'individu qui se sent bloqué a souvent du mal à en identifier la raison ; il sait rarement de quoi sa peur est faite, comment elle s'est construite et il sait bien sûr encore moins comment la « défaire ».

Même quand c'est le cas, repérer ce qu'elle touche exactement, jusqu'où, retrouver la mémoire négative qui en est à l'origine et comment elle résonne en soi est incontournable pour s'en libérer, d'autant que plongeant toujours leurs racines dans le passé, associées à des souvenirs douloureux et à des charges émotionnelles importantes, les peurs ancrées sont la plupart du temps, tenaces et récurrentes.

De plus, des systèmes d'autoprotection liés à l'origine même de la peur et à sa construction empêchent parfois d'en embrasser toutes les dimensions et même paradoxalement de vouloir véritablement s'en libérer.

Une démarche simple et efficace

Dans cet ouvrage, vous pourrez :

- savoir d'où viennent toutes les « peurs de vie » ;
- comprendre l'origine de votre blocage ;
- trouver la clé pour vous libérer de votre peur ;
- connaître les différentes pistes pour avancer dans l'affirmation et la réalisation de soi.

Partie 1

Se mettre sur la voie

Quels que soient la manière dont on l'exprime, le type de malaise, de difficulté, de blocage rencontré, son ampleur et le niveau de conscience que l'on en a, il existe toujours en amont, la plupart du temps enfoui, caché, un souvenir, une émotion, une blessure, une peur plus profonde.

Ainsi, quelle que soit l'approche, on ne peut se libérer de ses blocages et de ses peurs que si on prend conscience de ce qu'ils cachent en réalité.

Plus le blocage est important, plus il y a de chances qu'on ait à remonter dans le passé et à revisiter une partie fondamentale de son histoire.

Comme le cheminement se fait pas à pas, par étapes, il est important pour avancer et se libérer de repérer, au-delà du malaise ressenti et des difficultés constatées, à la fois quelle est l'ampleur exacte de son blocage – on la minimise ou on l'amplifie parfois –, mais aussi et surtout quel niveau de conscience on a atteint par rapport à ce qui doit être compris et intégré.

Chapitre 1

Les blocages ne sont que des symptômes

De prise de conscience en prise de conscience

Ce que nous nommons souvent dans le langage courant des « peurs » et que nous vivons comme des difficultés ou des blocages – peur de choisir, de s'engager, de dire non, de s'affirmer, de changer, de se laisser vivre, etc. – ne sont en réalité que des symptômes qui cachent des blessures souvent inconscientes, des peurs plus profondes, ce qui explique que l'on ait du mal, telles quelles, à s'en libérer.

Une difficulté à choisir peut cacher une peur de s'engager, une peur du conflit celle de l'autorité, la peur d'être seul celle de souffrir ou d'être abandonné, une peur de s'affirmer celle encore de décevoir ou d'être rejeté, etc.

De fait, que l'on parte d'un blocage constaté : « Je ne parviens pas à prendre de décision, je ne réussis pas à faire ce que j'aimerais » ; d'une peur circonstanciée, ponctuelle : « J'ai peur de lui parler, j'ai peur d'y aller » ; d'une peur récurrente de s'engager, de mal faire ou bien encore d'une peur de décevoir, de la rivalité, d'être trahi, etc. – ce qui est déjà révélateur d'un degré de conscience plus avancé –, on ne fait que constater un état de fait. D'ailleurs, c'est ici que l'on bute, puisque l'on sent plus ou moins confusément qu'il se « cache » autre chose derrière.

Ainsi, quelle que soit la manière dont on formule sa « peur » de prime abord, il est indispensable de faire la lumière, de se demander précisément de quoi on a peur plus profondément, de découvrir ce qu'il y a derrière.

- Si j'éprouve une peur de « lui parler » : s'agit-il d'une peur de m'affirmer ? de m'engager ? d'entrer en relation ?
- Si je suis bloqué à l'idée de dire ce que je pense : ai-je peur d'être ridicule ? de déplaire ? de ne pas être entendu ? de ne pas être compris ?
- Si je ne réussis pas à faire part de mes sentiments : ai-je peur de me laisser aller ? d'être rejeté ? d'être heureux ?
- Si j'ai peur de me lancer : ai-je peur d'une catastrophe ? de réussir ? d'échouer ?
- Si je ne réussis pas à m'engager : ai-je peur de souffrir ? d'être accaparé, envahi ou phagocyté ? de ne pas être à la hauteur ?

Remonter le plus loin possible

Il faut souvent atteindre plusieurs niveaux de prise de conscience avant d'identifier ce qui est véritablement à l'origine du blocage.

Plus le blocage est important, plus il y a à parier que la peur de fond, réelle, est enfouie, refoulée.

Par ailleurs, il peut exister derrière un même blocage des peurs cachées différentes qui coexistent, voire se renforcent l'une l'autre.

Différents niveaux de prise de conscience

Exemple : j'ai peur d'aller lui parler

I J'ai peur du conflit

II J'ai peur de l'autorité

III J'ai peur de me rebeller

Exemple : je ne réussis pas à m'attacher

I J'ai peur de m'engager

II J'ai peur de perdre ma liberté

III J'ai peur d'être accaparé, envahi ou phagocyté...

IV J'ai peur de ne pas réussir à m'affirmer

Exemple : j'ai peur de dire non

I J'ai peur de m'affirmer

II J'ai peur du jugement

III J'ai peur de déplaire

Exemple : j'ai peur de me lancer

I J'ai peur d'échouer

II J'ai peur d'une catastrophe

Exemple : j'ai peur de me laisser vivre

I J'ai peur de me faire plaisir

II J'ai peur d'être heureux

III J'ai peur d'une sanction

Toucher la peur de fond

Il peut être nécessaire de remonter le long de toute une chaîne de peurs pour finalement réussir à identifier ce qui se « cache » derrière le blocage repéré.

En effet, on ne peut se libérer vraiment de sa peur que lorsqu'on a identifié la peur première, la peur de fond qui est la « peur source », celle d'où tout découle, ou bien encore la « peur clé » puisque c'est elle qui va permettre d'ouvrir la voie à une autre manière de voir et de vivre les choses.

C'est cette peur liée à une blessure ou à une mémoire cachée que l'on met parfois du temps à débusquer précisément parce qu'elle est liée à beaucoup de souffrances et à des mémoires négatives qu'on préfère oublier ou « refouler ».

Si nous reprenons nos exemples :

J'ai peur d'aller lui parler

I J'ai peur du conflit
II J'ai peur de l'autorité
III J'ai peur de me rebeller
IV J'ai peur de ne plus être aimé (si je me rebelle...)

Je ne réussis pas à m'attacher

I J'ai peur de m'engager
II J'ai peur de perdre ma liberté
III J'ai peur d'être accaparé, envahi ou phagocyté...
IV J'ai peur de ne pas réussir à m'affirmer
V J'ai peur de ne pas pouvoir exister comme je suis

J'ai peur de dire non

I J'ai peur de m'affirmer
II J'ai peur du jugement
III J'ai peur de déplaire
IV J'ai peur d'être rejeté

J'ai peur de me lancer

I J'ai peur d'échouer
II J'ai peur d'une catastrophe
III J'ai peur de manquer

J'ai peur de me laisser vivre

I J'ai peur de me faire plaisir
II J'ai peur d'être heureux
III J'ai peur d'une sanction
IV J'ai peur de m'autonomiser

Dans ces exemples, on voit que c'est en réalité sur la peur de ne plus être aimé si on se rebelle, celle de ne pas pouvoir exister comme on est, celle d'être rejeté, etc. associées à une blessure, qu'il faudra travailler.

Pour systématiser, nous pouvons dire qu'il existe trois niveaux de conscience :
- le blocage ou la « peur symptôme » ;
- les « peurs écran » ;
- la peur de fond que l'on peut appeler « peur source » ou « peur clé ».

Un chemin tout personnel

Il n'existe pas deux cas identiques. À un blocage ressenti, vécu, correspondent des réponses tout à fait différentes. C'est pour cette raison qu'il est très important de reconnaître et de nommer la nature de la peur.

Avoir peur de ne pas être à la hauteur peut générer un blocage dans l'affirmation de soi, dans la capacité à s'engager, dans la capacité à entrer en relation, etc. ; la peur du jugement peut générer un blocage dans la capacité à donner ses idées, à faire des choix ou à parler de ses sentiments...

Il n'existe pas de « peur symptôme » ou de peur réelle type ; une peur évoquée peut chez l'un être une « peur symptôme », chez l'autre une « peur écran » ou une « peur clé ».

Ce qui définit un type de peur – « peur symptôme », « peur relais » ou « peur clé » – n'est pas sa nature mais la place qu'elle a dans le processus de conscientisation, en fonction bien entendu de la problématique personnelle. Par exemple, selon les cas, la peur de manquer peut être une peur de fond ou l'une des « peurs relais ».

Des blessures inconscientes et cachées

C'est parce qu'il y a eu blessure, qu'un besoin n'a pas été comblé, qu'un événement a été mal vécu, que la peur s'est développée.

En effet, les peurs sont toujours liées à une mémoire, un souvenir, un vécu négatifs ou à un interdit qu'il est incontournable de conscientiser si l'on veut dépasser ses blocages et retrouver sa liberté d'agir comme on l'entend.

L'origine d'une peur quelle qu'elle soit se trouve toujours dans le passé plus ou moins lointain de l'individu. Plus on remonte vers la peur de fond, plus il convient d'explorer ce passé et de scruter, d'examiner son histoire.

D'une manière générale, plus la blessure est profonde, importante et archaïque, plus la peur réelle, de fond, est inconsciente et/ou difficile à traverser.

- J'ai peur de m'autonomiser : ai-je peur d'abandonner un parent ou d'être abandonné par lui parce que j'ai eu avec lui une relation fusionnelle ?
- J'ai peur de manquer : est-ce le souvenir de la faillite de mon grand-père qui a bouleversé la vie de mon père quand il était enfant qui est encore à l'œuvre aujourd'hui ?
- J'ai peur d'être rejeté : ma mère, très autoritaire et possessive, n'a jamais entendu mes demandes, mes désirs ; seuls les siens comptaient !

Rendre conscients ces blessures et leurs effets est souvent dans un premier temps source d'angoisse : en effet, l'individu va devoir se confronter à certaines souffrances, cesser parfois de « protéger » des parents qu'il a protégés d'une certaine manière en se conformant à leur désir ou à leur version des faits, ou encore transgresser des interdits. Dans le présent, il va également être amené à transformer certaines de ses relations : par exemple, il devra reconnaître que d'affirmer « j'ai peur de l'autorité de mon père » l'obligera tôt ou tard à se confronter concrètement à cette peur et à modifier son comportement envers lui.

Des dangers imaginés ou amplifiés

Quand on a peur de dire non, de se lancer, de s'engager, etc., c'est bien que l'on associe la personne à affronter, l'acte à réaliser, etc. à une mémoire négative, en tout cas à quelque chose de considéré pour soi comme dangereux ou douloureux à faire, à tenter, à transgresser. Si « j'ai peur du conflit » c'est que j'associe le conflit à un risque pour moi, à un danger.

Dans certains cas, un déclencheur – une situation précise, concrète – est nécessaire pour que la peur se réveille. Dans d'autres, la peur existe de façon permanente. La mémoire négative, alors systématiquement activée, fait craindre un danger latent, génère un état de peur qui produit de l'anxiété qui confine à l'angoisse dans la mesure où, précisément, il s'agit d'un état constant.

Par définition, la peur est déclenchée à la vue, à l'idée, à la prise de conscience d'un danger ou d'une menace réelle ou imaginée. Elle constitue en ce sens une réaction totalement saine, compréhensible, légitime et dans de nombreux cas salvatrice dans la mesure où elle permet de réagir, de se mobiliser, de se défendre ou de fuir. Les peurs dont l'individu « souffre » sont celles qui sont associées soit à des dangers imaginés, soit à des dangers qui peuvent être réels mais qui sont totalement amplifiés par la représentation elle-même, liée à cette mémoire négative, à cette blessure.

Certes, quand on a une situation à affronter, une décision à prendre, une limite à poser, il existe parfois des dangers ou des risques qui peuvent faire réfléchir ou hésiter, et dont on peut appréhender les conséquences avec une certaine tension, mais sans apparition de « peur » irrationnelle. Ces risques seront alors simplement pris en compte, conscientisés, analysés et gérés.

En revanche, ces mêmes dangers, ces mêmes risques peuvent être amplifiés en fonction de la manière dont la personne les imagine, dont elle vit cette situation, de ce qu'elle lui rappelle, de ce à quoi elle l'associe. C'est bien alors cette amplification du danger, du risque, qui crée la « peur ».

Ce sont d'ailleurs bien ces peurs liées au danger imaginé ou amplifié qui questionnent l'individu dans la mesure où il sent confusément qu'elles ne sont pas – entièrement du moins – justifiées.

> C'est toujours une mémoire négative qui fait amplifier ou imaginer à l'individu un danger et qui crée en lui une peur.

Défaire sa peur

C'est parce que la peur se fonde sur un danger imaginé, présent ou à venir, que plus l'individu remonte à l'origine réelle, profonde de sa peur et aux émotions qui lui sont liées, plus il se libère de ses interprétations erronées de la réalité et de la construction du danger qui y est liée.

La voie incontournable pour déjouer sa peur est bien d'en identifier l'origine et la manière dont elle s'est construite pour soi.

C'est ainsi que, avec son regard d'aujourd'hui, l'individu peut revisiter différemment l'événement et le passé, et non pas rester figé, bloqué dans *l'interprétation*, la lecture qu'il a pu avoir des faits à l'époque. C'est parce que l'enfant n'a pas les moyens pour comprendre ce qui se passe pour lui et/ou autour de lui, qu'il n'a pas les « armes » pour se « défendre », pour communiquer ce qu'il ressent, que souvent il associe à tort des faits et des sentiments ou des intentions à son égard...

Si un bébé souffre d'une séparation parce que son parent part ou tombe malade, il n'a pas les éléments de connaissance suffisants pour savoir que de tels événements se produisent dans la vie et qu'il n'y est pour rien. Il en tire la « conclusion émotionnelle » qu'il n'est pas aimable et/ou qu'il ne peut lui arriver que des catastrophes.

De même, un enfant n'a pas les moyens de comprendre les raisons pour lesquelles son père est en rivalité avec lui par exemple, et il risque, à défaut de pouvoir se rebeller, d'en tirer un complexe, en tout cas une peur de s'affirmer.

Un enfant qui dans sa pureté, sa naïveté, sa spontanéité n'imagine pas que ses camarades de classe élevés dans un milieu différent du sien puissent le rejeter, risque si cela lui arrive d'en tirer la conclusion qu'il le mérite, qu'il est inférieur à eux.

L'enfant n'a souvent pas les moyens de s'exprimer, et encore moins ceux de partir : il est en quelque sorte plus ou moins obligé de subir.

C'est toujours du « malaise » dont l'individu souffre et dont il cherche à se débarrasser. Pourtant, ce n'est évidemment pas sur ce malaise ressenti qu'il est possible d'agir directement, dans la mesure où il n'est que la conséquence d'une association en quelque sorte faussée, erronée, non adéquate à la réalité, faisant percevoir un danger.

En psychologie, prendre conscience d'un blocage et/ou de son origine véritable permet complètement ou en partie de s'en libérer. Au-delà du fait de nommer et de comprendre, ce qui en soi est déjà libérateur, il se produit au moment de la prise de conscience une action thérapeutique dans la mesure où l'individu peut alors dissocier ce qu'il a associé « à tort ».

RÉCAPITULONS...

Le présent à l'éclairage du passé

Ce sont incontestablement des blessures, des mémoires négatives à l'origine du blocage qu'il est nécessaire d'explorer pour dissocier petit à petit la réalité de la représentation que l'on en a. En effet, c'est en « travaillant » sur ces mémoires négatives que l'on peut commencer à réduire et à déjouer le mécanisme de sa peur.

Chapitre 2

Savoir où vous en êtes

Avez-vous peur et jusqu'où ?

Il est important de savoir jusqu'où l'on est bloqué, jusqu'où l'on a peur.

En effet, on peut amplifier sa peur par méconnaissance, mais aussi pour éviter inconsciemment de se prendre en main ; on peut également la minimiser pour éviter de souffrir et/ou ne pas avoir à se confronter à l'origine de sa peur et aux conséquences que cette prise de conscience pourrait avoir.

D'autre part, il est important de comprendre où l'on en est sur son chemin de conscience afin de savoir par où et comment avancer.

Ces « peurs » qui n'en sont pas

À une époque pas encore si lointaine, on ne parlait pas ou peu de ses peurs. Les adultes, puisque justement ils étaient « adultes », se devaient quand ils en avaient conscience de n'évoquer ni leurs peurs ni leurs blocages, de ne pas les reconnaître. Les évoquer était un signe de faiblesse et de non-maîtrise.

Aujourd'hui, avec l'évolution des mentalités, la vulgarisation de la psychologie, l'intérêt des individus pour leur développement personnel et l'évocation de plus en plus fréquente de leurs émotions, on entend à l'inverse parler quotidiennement de « peurs » alors même qu'il s'agit simplement d'appréhensions, certes inconfortables, mais qui ne sont pas en soi des peurs réelles.

De fait, on a toujours tendance à passer d'un extrême à l'autre, et on est aujourd'hui tellement dans l'introspection, la reconnaissance de ses émotions, le désir de se connaître et souvent aussi celui de tout maîtriser que l'on en vient parfois à se questionner sur sa « peur » et sur sa « normalité » au lieu de reconnaître simplement certains états comme ne pouvant pas être contrôlés, des états sur lesquels on n'a pas de « pouvoir ».

On finit ainsi par nommer « peur » ce qui n'en est pas et/ou à vouloir se « débarrasser » d'états émotionnels qui sont tout à fait « normaux », voire nécessaires.

On s'interroge ainsi parfois sur sa « peur » quand elle est naturelle. Certaines personnes, par exemple, s'étonnent presque d'être sans énergie, sans dynamisme après le décès d'un être cher, ou déprimées après une rupture même désirée, ou après un licenciement.

Si le terme « peur » est actuellement employé sans complexe, sans honte, sans difficulté il est toutefois important de ne pas se laisser piéger par le mot et il convient de ne pas confondre le blocage, l'inhibition, la difficulté extrême voire l'incapacité à faire quelque chose avec des états émotionnels légitimes liés à une tension, une appréhension, une incertitude, un événement éprouvant.

Ces « peurs » qui n'en sont pas s'acceptent et/ou se gèrent dans le calme, la patience et un relatif lâcher-prise.

Dans la mesure où quand elles existent, les peurs sont réellement handicapantes, il est utile d'apporter quelques précisions pour éviter d'avoir l'esprit parasité par ces peurs qui n'en sont pas et pour pouvoir ainsi mieux se concentrer sur les « vraies » peurs.

Les appréhensions

On utilise parfois le terme « peur » : « J'ai peur de passer un entretien », « J'ai peur de prendre l'avion », « J'ai peur d'avoir mal », « J'ai peur du conflit », etc. au lieu de parler d'appréhension, qui serait *a priori* un terme beaucoup plus juste.

L'appréhension est un état de tension physique et/ou émotionnelle correspondant à une sorte d'inquiétude face à une situation dont on ne maîtrise pas ou dont on craint de ne pas maîtriser tous les facteurs, tous les éléments.

Ainsi, il est évident et normal d'appréhender certaines situations, certains événements ou passages ; soit parce qu'on ne les a jamais vécus, soit parce qu'ils représentent pour soi un enjeu important.

En ce sens, les appréhensions sont naturelles et peuvent même être bénéfiques dans la mesure où elles doivent permettre de prendre conscience de l'importance de la situation pour soi et de mobiliser les qualités et les potentiels adéquats.

Comme les émotions, elles sont tout simplement le signe que nous sommes vivants, désirants, que nous avons des états d'âme, des fragilités et une fois encore, dans notre univers contemporain par trop technique, que tout ne se maîtrise pas !

La peur de l'inconnu

Il existe notamment une appréhension qui survient quand on doit vivre quelque chose que l'on n'a encore jamais vécu, parce que cela nécessite de trouver de nouveaux repères, de nouvelles façons de faire et de voir, là encore sans maîtriser l'ensemble des événements à venir. C'est la fameuse « peur de l'inconnu » qui en réalité relève plutôt d'une appréhension légitime et d'une certaine manière universelle.

Cette « peur de l'inconnu » peut bien sûr relever dans certains cas de la peur au sens où nous l'avons définie et nécessiter alors la même recherche de ses origines.

Toutes les précisions nécessaires

De nombreux termes sont considérés comme des synonymes du mot « peur ». Toutefois, il existe d'importantes nuances, et chacun de ces concepts recouvre un ressenti émotionnel différent.

Qu'est-ce que l'angoisse ?

La confusion entre peur et angoisse vient du fait que dans le langage courant on emploie parfois indifféremment l'un et l'autre terme, tant il est vrai qu'il n'est pas toujours facile, au niveau du ressenti du moins, de faire la distinction.

Contrairement à la peur, l'angoisse ou l'état d'angoisse n'a par définition pas d'objet particulier : c'est un état latent. Ceci est tellement vrai qu'il arrive parfois que l'on ressente un malaise sans savoir pourquoi ni comment il se déclenche, sans savoir véritablement ce qui angoisse.

Selon Alfred Adler, l'angoisse est un état affectif émanant à l'origine d'un sentiment d'insécurité ou de faiblesse qui est le propre de tous les êtres vivants.

Pour Sigmund Freud, l'angoisse sert à « déclencher la défense du Moi ». En d'autres termes et pour le dire très simplement : tout individu refoule dans son inconscient un certain nombre de faits, de pensées, de désirs, soit parce que les réalités sont douloureuses, soit parce que les pensées et les désirs sont réprouvés par la société et/ou la famille. Ce refoulement a lieu en quelque sorte pour se protéger de la souffrance, du rejet ou de la sanction.

Ainsi, à chaque fois que ces éléments, ces fragments refoulés risquent ou sont sur le point de revenir à la conscience, l'individu est en état d'angoisse ; d'abord parce qu'il y a pour lui un réel « danger » à ce qu'ils ré-émergent, ensuite parce que son angoisse – qui envahit et inhibe ses pensées – sert en quelque sorte d'écran, de protection afin d'éviter que ces éléments refoulés ressurgissent.

C'est entre autres le cas quand les personnes font un travail psychothérapeutique et notamment psychanalytique : elles ont souvent des pics d'angoisse totalement salutaires puisque le travail consiste précisément, au-delà de l'angoisse, derrière l'angoisse, à permettre au refoulé d'être libéré.

On peut dire d'une façon plus large également que quand l'individu n'exprime pas ses besoins, ses désirs, ses pensées, qu'il les refoule parce qu'une fois encore ils ne conviennent pas à ce qu'il pense que l'on attend de lui, il est angoissé. La plupart du temps c'est le propre des individus que l'on dit « angoissés ».

Par ailleurs, si, en plus de ce qu'il a refoulé lui-même, l'individu a le sentiment qu'il ne peut pas exprimer ses besoins et ses désirs dans son milieu, dans son environnement, il s'angoisse. En effet, ses besoins, ses désirs et leur expression sont vitaux pour lui. On rejoint ici en partie la définition d'Adler ; l'individu se sent en état de faiblesse, voire d'impuissance.

C'est ainsi que certains enfants – les adultes aussi, bien sûr – deviennent totalement angoissés. Par exemple dans une famille où ils ne trouvent pas leur place, où ils ne se sentent pas le droit, la possibilité de s'exprimer, au sens profond du terme, tels qu'ils sont.

Parfois, l'enfant ressent une telle menace vis-à-vis de son expression, de son développement, que l'angoisse se manifeste alors à travers une phobie ou d'autres états pathologiques qui peuvent se révéler très graves.

L'angoisse est transversale à toutes les peurs, quelles qu'en soient la nature et la position dans la chaîne précitée. Elle est fonction soit du niveau de refoulé dont on ne « veut » pas prendre conscience, soit d'un désir que l'individu souhaite concrètement réaliser et de l'interdit qu'il est nécessaire alors pour lui de transgresser.

Angoisse et changements

Il existe des états d'angoisse plus circonscrits dans le temps liés essentiellement à des périodes de changement mais qui relèvent des deux mêmes processus.

En effet, on est particulièrement « angoissé » quand on doit vivre un changement : soit parce qu'on craint inconsciemment, à tort ou à raison, de passer par un nouvel état d'insécurité, d'impuissance, de fragilité ; soit parce que la nature même et/ou la réussite du changement en question, voire sa seule perspective, implique qu'un élément jusque-là refoulé soit libéré.

De même, quand un individu se sent particulièrement angoissé à un moment de sa vie sans en connaître la raison et sans qu'il y ait cette fois de changement extérieur, objectif et manifeste, c'est parce qu'il sait inconsciemment que pour avancer, s'affirmer ou s'épanouir, il va devoir « libérer », laisser sortir quelque chose de retenu, de contenu en lui. Son ancien Moi se défend, se protège.

Angoisse et peur

Dans la terminologie psychologique, on nomme aussi « angoisses » des craintes bien précises comme celle de la « fusion » ou celle de la « séparation » dont nous parlerons.

Il s'agit d'angoisses circonscrites dans leur nature et dans le temps puisqu'elles se produisent à un stade bien déterminé de la vie. Ces angoisses primaires peuvent d'ailleurs – nous le verrons – être à l'origine de certaines peurs. Par exemple, l'« angoisse de séparation » peut bien sûr générer la peur de la séparation.

Quand c'est le cas, la peur générée est la plupart du temps tellement forte et permanente qu'elle est appelée « angoisse » dans le langage courant par ceux qui la ressentent. Il s'agit en effet d'une peur si tenace, si profonde, si latente, si intimement liée à lui que l'individu l'assimile au niveau du ressenti à de l'angoisse.

Bien entendu l'intérêt ici n'est pas de jouer sur les mots ; peu importe dans la souffrance qu'il s'agisse de peur ou d'angoisse. En revanche, l'intérêt réside, au-delà de la compréhension du mécanisme, dans la prise de distance qui peut s'opérer.

> On « est » dans l'angoisse et on « éprouve » de la peur. De ce fait, il est toujours un peu plus facile de sortir de l'une que de l'autre ; un pas est déjà franchi.

Qu'est-ce que l'anxiété ?

L'anxiété est un état d'angoisse latente et permanente.

L'état d'angoisse, quelle qu'en soit l'origine, produit de l'anxiété.

Qu'est-ce qu'une inhibition ?

L'inhibition est l'incapacité de réaliser ou de penser quelque chose. Elle peut empêcher des faits, des pensées, des idées ou des désirs de venir à la conscience. L'inhibition est un blocage généré, produit par une peur ou un état d'angoisse sous-jacent.

Qu'est-ce qu'une phobie ?

La phobie est la crainte excessive, maladive de certains objets, actes, situations, personnes ou animaux. Tout le monde a entendu parler d'agoraphobie, de claustrophobie...

L'origine d'une phobie peut être liée à un souvenir douloureux complètement refoulé associé à un objet, une personne, une situation. Ainsi la présence, l'apparition ou même l'idée de la « chose » en question est objet de phobie et/ou en déclenche la crise.

La phobie peut également relever d'une sorte de cristallisation et de déplacement d'un souvenir ou d'un problème –associés à une angoisse – sur une autre situation, une autre personne, un autre objet, toujours dans l'objectif pour l'individu de se protéger en n'affrontant pas réellement le souvenir ou le problème à l'origine de son angoisse.

Par exemple, j'ai un problème absolument non conscient de conflit avec ma mère: elle me maintient dans sa toute-puissance et m'empêche d'exister, de me développer. Ne pouvant affronter ma mère et refoulant ce conflit impossible à gérer pour moi pour l'instant, je le déplace, ainsi que l'angoisse qui lui est liée, sur les oiseaux par exemple. Je vais me mettre à considérer ces derniers comme une menace, une source d'angoisse pour moi, de la même manière que ma mère est une menace, une source d'angoisse. J'aurai alors la phobie des oiseaux.

Qu'est-ce que la panique ?

La panique est la terreur extrême, affolement lié au sentiment d'impuissance face à une situation qui, par ailleurs, peut faire peur ou angoisser.

Chapitre 3

Faites votre auto-diagnostic

Ai-je peur, oui ou non, et jusqu'où ?

Remplissez ce questionnaire en pensant à la fois à votre blocage, à votre peur et aux personnes et situations qui les déclenchent.

Test

1. **Quand vous avez peur, le danger ou le risque, si vous réfléchissez, est la plupart du temps...**

   O réel

   O réel mais amplifié

   O complètement imaginé

2. **Pensez à une peur que vous éprouvez souvent. Pouvez-vous dire que...**

   O vous n'éprouvez cette peur qu'avec « lui », « elle », dans « cette » situation précise

   O vous avez de toute façon en dehors de « lui », d'« elle », de « cette » situation, toujours une appréhension

   O vous évitez coûte que coûte ce type de situation, de personne, quitte à agir complètement contre votre intérêt

3. **Est-ce que malgré la « peur » que vous éprouvez...**

   O vous passez à l'acte

O vous passez à l'acte difficilement ou tardivement

O vous êtes bloqué(e) et vous ne réussissez pas à passer à l'acte

4. Face à la situation à laquelle vous pensez, est-ce que...

O vous êtes mal à l'aise

O vous appréhendez fortement

O vous êtes complètement inhibé(e)

5. Êtes-vous anxieux(se) ?

O Rarement

O De temps en temps

O En permanence

6. Pensez à la situation et/ou à la personne qui vous fait « peur ».

O Vous l'abordez avec difficulté mais sans tarder

O Vous repoussez toujours le moment de l'aborder

O Vous fuyez complètement la personne ou la situation, même si cela vous est néfaste

7. Y a-t-il des attitudes personnelles que vous ne vous expliquez pas ?

O Parfois

O Souvent

O Sans arrêt

8. Vous dites-vous que vous avez peur ?

O Fréquemment

O Parfois

O Jamais

9. Face à la personne qui vous fait « peur »...

O Vous êtes tendu(e)

O Vous êtes anxieux(se) et très stressé(e)

O Il peut vous arriver de paniquer complètement

10. **Honnêtement, vous définiriez-vous comme quelqu'un de...**
   - O relativement détendu
   - O souvent tendu
   - O perpétuellement angoissé

Chaque fois que vous avez coché la première réponse, comptez 1 point. Comptez 2 points pour la deuxième, 3 points pour la dernière. Totalisez le nombre de points.

Résultats du test

- ➤ **10 points** – Vous éprouvez manifestement une appréhension, même une certaine crainte, que vous surmontez relativement facilement et qui ne semblent en tout cas pas trop handicapantes pour vous. Vous avez peut-être seulement à vous affirmer davantage, à avoir davantage confiance en vous.
- ➤ **De 10 à 20 points** – Votre peur commence à être handicapante et peut vous empêcher de vous réaliser pleinement. Il y a certainement des points de blocage particuliers à lever pour vous sentir plus libre.
- ➤ **De 20 à 30 points** – Vous éprouvez manifestement des peurs fortes ou une peur forte et profonde probablement mêlée à un état d'angoisse quasi permanent. Vous avez probablement intérêt à faire un travail sur vous pour vivre plus heureux et plus épanoui.

Quel est votre degré de conscience ?

Les blocages que l'on ne « voit » pas

Si l'on prend parfois pour des peurs ce qui n'en est pas, il arrive à l'inverse, relativement souvent d'ailleurs, que l'on ait peur sans s'en rendre compte.

En effet, on peut tellement se « protéger » que l'on ne « veut » pas reconnaître la peur en question ; on l'ignore pour ne pas avoir à s'y confronter, pour ne pas avoir à se remettre en question.

La peur est refoulée, c'est-à-dire absolument ignorée : on n'en ressent éventuellement que les méfaits mais sans les associer à quoi que ce soit.

On peut aussi tout simplement éviter de se confronter aux situations qui la déclencheraient.

Le meilleur moyen d'agir sur le déclencheur ou l'objet de la peur est de l'éviter. C'est souvent ce que l'on fait d'ailleurs, consciemment ou non, en évitant ou en fuyant certaines situations simplement pour ne pas avoir à éprouver la peur qui y est liée, au risque d'en pâtir par la suite puisque ne pas se confronter empêche parfois d'évoluer ou d'obtenir une amélioration de sa situation personnelle, affective, sociale.

Il est important de repérer certains comportements qui peuvent être le signe d'une peur au risque d'être pénalisé ultérieurement, de regretter d'avoir ou de n'avoir pas fait certaines choses, pris certaines décisions, etc. par peur.

C'est quand on ne reconnaît pas sa peur, quand on la méconnaît qu'elle fait le plus de dégâts !

Test

1. **Avez-vous le sentiment d'éviter certaines situations ?**

   O Rarement

   O Souvent

   O Toujours

2. **Avez-vous des comportements qui vous surprennent sans en comprendre la raison ?**

   O Rarement

   O Souvent

   O Toujours

3. **Avez-vous le sentiment de rester en deçà de vos possibilités ?**

   O Rarement

   O Souvent

   O Toujours

4. **Avez-vous tendance à accuser les autres, l'environnement ?**

   O Rarement

   O Souvent

   O Toujours

5. **Êtes-vous sur la défensive ?**

   O Rarement

   O Souvent

   O Toujours

6. **Avez-vous tendance à réagir excessivement à certaines situations ?**

   O Rarement

   O Souvent

   O Toujours

7. **Avez-vous tendance à remettre à plus tard ?**

O Rarement

O Souvent

O Toujours

8. **Votre entourage vous renvoie-t-il que vous avez trop de certitudes ?**

O Rarement

O Souvent

O Toujours

9. **Avez-vous tendance à vous bloquer sans raison apparente ?**

O Rarement

O Souvent

O Toujours

10. **Votre entourage vous renvoie-t-il que vous êtes agressif ?**

O Rarement

O Souvent

O Toujours

11. **Avez-vous tendance à répéter des situations, des actes négatifs pour vous-même ?**

O Rarement

O Souvent

O Toujours

12. **Avez-vous tendance aux fuites en avant ?**

O Rarement

O Souvent

O Toujours

13. **Avez-vous tendance à rendre les autres responsables ?**

O Rarement

O Souvent

O Toujours

14. **Êtes-vous dans l'urgence ?**

O Rarement

O Souvent

O Toujours

15. **Vous sentez-vous mal à l'aise ?**

O Rarement

O Souvent

O Toujours

Chaque fois que vous avez coché la première réponse, comptez 1 point. Comptez 2 points pour la deuxième, 3 points pour la dernière. Totalisez le nombre de points.

Résultats du test

- **15 points** – Vous n'avez probablement pas de blocage ou de peur plus importants que celui ou ceux que vous avez déjà repérés.
- **De 15 à 30 points** – Vous avez sûrement un blocage ou une peur plus importants que vous ne le pensez.
- **De 30 à 45 points** – Vous avez probablement un blocage très important et/ou une peur profonde que vous auriez intérêt à identifier.

Au final, quel est votre degré de conscience ?

Il est important de savoir soi-même à quel degré de conscience on se situe. Cela permet d'entrevoir plus facilement le pas à faire, la marche suivante à gravir, de savoir clairement sur quoi se mobiliser.

Avez-vous le sentiment :

- d'avoir retrouvé l'ensemble des souvenirs et blessures associés à votre peur de fond ?
- d'avoir identifié la peur de fond mais de ne pas savoir d'où elle vient ?
- d'en être au stade de l'énonciation d'une « peur symptôme » en sachant qu'il se cache autre chose derrière ?
- d'avoir constaté un blocage, un malaise, une difficulté, un « dysfonctionnement » mais sans l'associer à une quelconque peur ?
- de ne pas avoir conscience d'éprouver une quelconque peur mais de prendre conscience qu'un certain nombre de situations sont angoissantes pour vous ?

RÉCAPITULONS...

Plus on visualise l'endroit exact où l'on se trouve, plus il est facile de s'orienter et de trouver son chemin.

Partie 2

À l'origine des blocages

Pour gérer et dépasser son blocage, il est incontournable, après avoir repéré la nature exacte de sa peur, d'en retrouver dans un deuxième temps l'origine. Nous nous consacrerons donc ici à l'exploration et au repérage des grands axes de causes possibles, chacun d'entre eux méritant d'être développé.

Pour simplifier et permettre de se repérer plus facilement, il y a des origines que j'ai appelées *primaires*. Elles sont liées à des angoisses et à des besoins primaires qui remontent surtout aux premiers mois de la vie et à la toute petite enfance. D'autres origines, que j'ai appelées *secondaires*, sont liées plus tardivement à l'ensemble de l'histoire personnelle, familiale et à l'éducation. De ce vécu et de cette éducation se développeront également certains complexes, s'ancreront des *interdits* qui eux aussi seront à l'origine de peurs.

Cette distinction n'implique pas que les unes soient plus importantes que les autres, mais elle souligne une chronologie de leur apparition dans l'existence d'un individu. Il est clair toutefois que les peurs dont l'origine est primaire sont en général très profondes, ancrées, « chevillées au corps » parce que archaïques.

Dans la mesure où les angoisses et les besoins primaires de base sont universels et ressentis par tous, chaque individu en garde – même s'ils ont été comblés et assouvis – une mémoire. Celle-ci peut toujours s'activer, ainsi que la peur correspondante des années plus tard sur des faits graves et importants. D'autre part, les facteurs primaires et secondaires peuvent se cumuler, et les seconds se trouver ou non amplifiés par la présence des premiers.

Chapitre 4

Les origines « primaires »

Les angoisses fondamentales

Il existe dans la première phase de l'existence des angoisses qu'on peut appeler *fondamentales* – angoisses de *séparation*, de *fusion* et de *castration* – liées aux étapes incontournables de la croissance d'un être humain. Celui-ci doit traverser ces angoisses pour pouvoir grandir et vivre. Quand ce n'est pas le cas, ces angoisses sont à l'origine des peurs et des inhibitions les plus profondes.

Selon les éléments et les événements de l'histoire personnelle, ces angoisses sont traversées, dépassées, « oubliées » et deviennent structurantes pour l'individu comme toute étape de croissance, qui certes est sur l'instant vécue comme déstabilisante et *angoissante* précisément, mais ne laisse pratiquement aucun handicap. Parfois, au contraire, elles peuvent être nourries, renforcées, et par conséquent demeurer « une angoisse » ; elles donnent alors lieu aux peurs correspondantes. Par la suite, quand l'enfant a grandi et atteint l'âge adulte, elles deviennent d'autant plus handicapantes que l'individu aurait « normalement » dû les dépasser et qu'elles ne sont plus du tout en phase avec son stade objectif de croissance et de maturité.

L'angoisse de séparation

Si l'on remonte chronologiquement aux premiers stades de la vie d'un individu, la relation que le bébé vit au départ avec sa mère est une relation fusionnelle.

Fusionnelle quand il est dans le ventre de la mère, puis fusionnelle durant plusieurs mois après sa naissance dans la mesure où d'une part il dépend entièrement d'elle, et d'autre part il n'a pas encore pris conscience d'être un individu autonome, séparé. Ce type de relation signifie qu'il n'existe pas – encore – chez lui la conscience d'être deux individus à part entière, indépendants l'un de l'autre.

Or cet état, incontournable par nature, génère une angoisse nommée comme telle par les pères de la psychanalyse : l'angoisse de séparation.

Tout enfant de même que sa mère – dans des proportions moindres naturellement – connaît, après avoir vécu cet état fusionnel, cette angoisse de séparation.

Pour l'enfant, *l'angoisse de séparation* est liée essentiellement à la sensation d'exister et de devoir exister seul. Pour la mère, l'angoisse se traduit par ce ressenti subconscient : peut-il vivre sans ma totale protection ?

D'autre part, si la mère n'est pas elle-même un être totalement autonome, c'est-à-dire avec la conscience profonde d'exister par elle-même, pour elle-même, elle risque d'autant plus d'éprouver cette angoisse de séparation et de la transmettre à son enfant. Cela est fréquent chez des femmes qui sont toujours dans une dépendance, une « fusion » vis-à-vis de leur mère ou de leur mari. D'une certaine façon, elles n'ont de ce point de vue pas entièrement atteint une « maturité » plus adulte. Si l'enfant existe à travers sa mère, ces femmes, d'une certaine manière, « existent » aussi à travers lui. On comprend aisément que dans ce cas, l'angoisse de séparation est particulièrement forte et qu'elle perdure.

Si la mère est suffisamment autonome...

Si elle a suffisamment confiance dans la vie et en elle-même pour penser que son enfant peut grandir à ses côtés, l'angoisse de séparation se dissipe pour l'un comme pour l'autre sans laisser de trace notable, en tout cas handicapante. Dans la mesure où les inconscients communiquent, elle rassure ainsi l'enfant qui voit se réduire d'autant sa propre angoisse.

Si la mère n'est pas autonome...

Si la mère n'a pas confiance en elle ou dans la vie, elle amplifie à son insu l'angoisse de séparation. Elle l'amplifie également et/ou la maintient si elle a besoin de l'enfant pour vivre, si l'enfant comble pour elle un manque : en effet, ce dernier ressent alors cette angoisse de séparation non plus seulement pour lui-même, mais également pour sa mère ; que deviendra-t-elle sans lui ?

Histoire personnelle et... angoisse de séparation

Il importe d'être conscient – nous venons de le voir – qu'à ce stade de la vie, au moment où existe l'angoisse de séparation, l'attitude de la mère, tant extérieure et manifestée qu'intérieure et inconsciente, est déterminante : sa propre autonomie, sa confiance dans la *capacité de vie* de son enfant, sa capacité à le rassurer sur ses propres moyens pour s'autonomiser le moment venu. Si l'angoisse de séparation intervient et peut être alimentée surtout lors des tout premiers mois de l'existence, elle se trouvera de même renforcée, nourrie si tout au long de l'enfance et de l'adolescence, la mère maintient ce caractère fusionnel avec l'enfant.

A contrario, l'angoisse de séparation peut également être grandement activée s'il existe un très fort désintérêt de la mère pour l'enfant, une distance quelle qu'en soit la nature, en quelque sorte un abandon affectif. L'enfant ne se sent alors pas assez fort parce que pas assez aimé pour pouvoir accepter et prendre le risque de se séparer.

Certains événements peuvent également venir alimenter cette angoisse naturelle qui se transforme alors en peur profonde, latente, inscrite dans le corps, devenant d'une certaine façon une véritable « angoisse ». Une séparation précoce et brutale à cause d'une maladie de la mère ou de l'enfant, *a fortiori* le décès de la mère, un éloignement pour des raisons matérielles, économiques, seront des facteurs évidents à l'origine d'une très forte angoisse de séparation.

De fait, l'enfant n'a alors pas eu le temps de prendre conscience de sa propre existence ni de se renforcer suffisamment pour assumer cette séparation.

L'angoisse de séparation une fois adulte

L'angoisse de séparation pour l'enfant se traduit par ce que l'on appelle des « crises » d'angoisse, une forte anxiété, un manque d'autonomie.

L'« angoisse » et la peur de la séparation conduisent l'enfant – et l'adulte ensuite – à la recherche d'une fusion, à la peur de « perdre » et à celle, plus concrète, de toute séparation physique.

C'est l'angoisse de séparation non dépassée qui, une fois la personne devenue adulte, est à l'origine de la peur de toute séparation et de ses avatars : peur de la rupture, peur d'être seul, peur de quitter, peur d'être quitté, peur de lâcher l'autre et plus globalement aussi la peur de grandir, de se lancer, etc.

À l'origine de l'angoisse/peur de séparation

- Une séparation, une rupture précoce d'avec la mère
- Un rejet, une mère non affective
- Un abandon, une mère distante, absente
- Une mère fusionnelle
- Un parent très demandeur

Principales peurs de fond

- Peur du manque (affectif)
- Peur de perdre (l'autre)
- Peur du vide

Principales « peurs écran » ou « peurs symptôme »

- Peur de quitter, d'être quitté
- Peur d'être seul
- Peur d'aller de l'avant
- Peur de grandir
- Peur de l'ennui
- Peur de souffrir
- Peur d'aimer

▸▸▸ L'ANGOISSE DE LA RUPTURE

Situation présente

Cecilia, la trentaine, est en complète dépression parce qu'elle vient de se séparer de son ami dont elle s'est aperçue quelque temps auparavant qu'il la trompait.

Elle vit un état de désespoir et de détresse intense, en décalage d'ailleurs avec les sentiments réels qu'elle déclare avoir encore pour ce garçon, ayant réalisé depuis déjà plusieurs mois qu'il ne lui convenait pas. Elle comprend donc d'autant moins sa réaction. En outre, elle a perdu sa tante quelques mois plus tôt et ne parvient pas non plus à se consoler.

Le passé

En fait, la mère de Cecilia est décédée quelques jours après sa naissance. Dans toutes ses relations, notamment avec les hommes qu'elle rencontre, Cecilia recherche un état de fusion complet, état dont elle s'est trouvée en quelque sorte brutalement éjectée dès sa naissance.

Évolution

Petit à petit, Cecilia sort de sa dépression. Plus tard, elle rencontre un autre homme avec lequel la relation se construit harmonieusement et assez vite – il devient son mari.

Au départ pourtant, son besoin de fusion d'une part et sa peur de souffrir d'autre part sont tels que dès qu'elle découvre une différence de goût avec cet homme ou un pan de son passé dont elle ne fait pas partie, dès qu'il manifeste un intérêt autre que pour elle – ce qui ne peut manquer d'arriver –, elle s'inquiète, s'angoisse, elle a peur.

Elle se demande de façon obsessionnelle si cette relation va durer, si cet homme est fait pour elle, s'il l'aime vraiment. Elle est même prête à plusieurs reprises à tout casser, à tout arrêter plutôt que de devoir être arrachée à nouveau à un amour.

Bien qu'autonome sur d'autres plans, elle recherche inconsciemment pour se rassurer un état de fusion, un état où l'on n'est pas différencié même si intellectuellement elle sait que ce n'est ni souhaitable, ni possible.

En fait...

De toute évidence, avoir perdu sa mère si jeune n'a pu générer chez Cecilia qu'une très forte angoisse de séparation et la peur de perdre à nouveau l'objet de son amour.

LA PEUR D'ÊTRE SEUL

Le passé

Comme Cecilia, Jérôme a été séparé à deux mois de sa mère, cette dernière étant tombée gravement malade. Dans sa vie amoureuse, il est, comme Cecilia, perpétuellement dans une demande d'amour fusionnel où l'on ne se quitte pas, jamais, où l'on fait tout ensemble.

Situation présente

À quarante-sept ans il se sent perdu comme un enfant quand sa femme s'absente un soir ou deux jours consécutifs par obligation professionnelle. Il se sent seul, abandonné et ne fait rien de sa soirée.

En fait

Si en apparence Jérôme est bien sûr autonome, il reste en réalité, même si cela est difficile à accepter, à reconnaître une fois adulte, dans une « demande » perpétuelle et dans un état de dépendance vis-à-vis de sa femme – ce que d'ailleurs elle lui reproche – comme l'enfant avec sa mère quand il ne peut pas encore vivre sans elle. Il en souffre, sa femme aussi, et c'est d'ailleurs sur ses conseils qu'il vient consulter.

LA PEUR DE « LÂCHER »

Le passé

Nathalie a eu une petite enfance très dure dans le sens où sa mère était totalement indifférente à sa présence, ne lui manifestait aucune attention, aucun intérêt, ne prenant dès sa naissance aucun soin d'elle. Ayant une très forte personnalité et pas vraiment d'autre choix pour « survivre », Nathalie, véritable écorchée vive, se blinde et développe, face à ce qu'elle considère comme une injustice à son égard, un tempérament de rebelle.

Elle se marie, même si ses relations affectives avec son compagnon sont toujours difficiles et perturbées, et a deux enfants.

Le premier enfant est une fille, sur laquelle elle reporte complètement ce besoin d'amour et de fusion qu'elle n'a pas connu ni comblé avec sa mère. Aussi ne comprend-elle pas pourquoi, à l'adolescence de sa fille, tout devient si compliqué, ni pourquoi cette dernière est totalement en conflit avec elle.

En fait, la fille de Nathalie se sent phagocytée. Même si Nathalie, à cause de ce qu'elle a connu elle-même, n'est pas très démonstrative, affichant par crainte d'être rejetée à nouveau une constante indiffé-

rence tant envers son mari qu'envers ses enfants, elle ne laisse pas sa fille respirer, elle ne la laisse pas vivre.

Même si mère et fille sont très complices, la fille de Nathalie ne se sent pas libre. Elle se sent en fait sous le pouvoir de sa mère qui, inconsciemment du moins, ne veut pas la « lâcher ». Même si en apparence elle la laisse libre d'aller et venir, Nathalie tient sans le dire clairement à tout savoir de sa fille. Elle ne supporte pas que sa fille ait un petit ami et se positionne même en rivalité avec ce dernier, dans une sorte de concurrence affective.

En fait...

Nathalie a eu et a besoin de sa fille pour « vivre ». C'est précisément de ce lien fusionnel que cette dernière souhaite se libérer, d'où le conflit qui l'oppose à sa mère.

Ayant peur en réalité de la séparation qu'elle a par le passé forcément très mal vécue, Nathalie très lucide par ailleurs, a peur de se séparer à nouveau, peur de « lâcher » sa fille qu'ainsi elle retient sans même en avoir conscience.

C'est en travaillant sur cette angoisse de séparation que Nathalie réussit à envisager une autre relation avec sa fille. Une vraie relation à deux, en quelque sorte.

▸▸▸ LA PEUR DE GRANDIR

Situation présente

À plus de trente ans, Ségolène se comporte comme une petite fille. Bien que mariée, elle passe tous les jours voir sa mère – qu'elle appelle trois à quatre fois dans la journée – et elle ne prend aucune décision sans lui en parler.

Consciente de cet excès d'attachement, elle pensait qu'en devenant mère de famille elle-même, elle sortirait de cet état de dépendance, mais elle est maman depuis plus d'un an et rien ne change. Avant que d'être femme et mère, elle reste avant tout la petite fille de sa maman.

Le passé

La mère de Ségolène, très carencée au plan affectif, n'avait qu'un seul rêve dans sa jeunesse : avoir des enfants pour retrouver un peu de ce lien affectif qui lui a tant manqué. Dès la naissance de ses filles – Ségolène a une sœur aînée –, elle les a surprotégées, a vécu à travers elles. Le monde entier doit tourner autour d'elles. Par conséquent, Ségolène et sa sœur ne font rien sans leur mère, sont perdues sans elle, lui racontent tout à la grande joie de cette dernière qui ainsi participe de tout, est au courant de tout, donne son avis sur tout, naturellement pour le bien de ses filles ! Elle les aime tant !

En fait...

La mère de Ségolène aime ses filles comme elle aurait désiré être aimée elle-même, du moins au premier stade de sa vie. Comme Nathalie, la mère de Ségolène, dans sa carence effective et son angoisse de séparation, ne souhaite pas – à son insu – voir grandir sa fille, qui du coup a peur de grandir, n'ayant pas coupé le cordon d'un côté et ne souhaitant pas de l'autre – inconsciemment bien sûr – contrarier sa mère !

L'angoisse de la fusion

Si la séparation, bien que nécessaire, incontournable et libératrice, est angoissante, l'angoisse de la fusion l'est tout autant dans la mesure où l'individu a besoin de se séparer pour vivre. Si la fusion est vitale et rassurante pour l'enfant au tout début de sa vie, elle devient vite anxiogène. En effet, pour grandir et se développer, l'enfant a besoin de se séparer le moment venu, c'est-à-dire de se considérer, de se ressentir comme un être autonome qui va partir petit à petit à la découverte de ses capacités propres.

S'il ne peut se séparer harmonieusement, l'enfant risque d'éprouver *l'angoisse de la fusion*, celle de ne pouvoir être lui-même, d'être phagocyté, celle précisément de ne pouvoir se sentir un être autonome, à part entière.

Comme pour l'angoisse de séparation, la mère joue ici un rôle prépondérant.

L'angoisse de la fusion se développe principalement quand il existe un lien fusionnel très fort et/ou prolongé, une non-séparation en quelque sorte due soit à l'attitude de la mère, soit à un contexte particulier.

L'angoisse de la fusion est également une conséquence de l'angoisse/peur de séparation, que son origine vienne du parent ou de l'enfant. Des mères particulièrement demandeuses, dépendantes, possessives ou trop protectrices induisent l'angoisse de la fusion dans la mesure où elles ne permettent pas – ou en tout cas ne favorisent pas – naturellement la séparation, ce qui est en partie leur rôle.

Histoire personnelle et… angoisse de la fusion

La mère doit – nous l'avons vu – d'une part savoir rassurer suffisamment l'enfant sur son amour et son soutien, et d'autre part se montrer et être elle-même suffisamment autonome pour qu'il se sépare d'elle en toute confiance et garde avec elle un lien sain.

Ainsi, c'est souvent le « besoin », la « demande » de la mère qui est à l'origine de l'angoisse de la fusion. C'est là encore la mère, de par son attitude manifestée ou non, qui l'induit pratiquement toujours.

Or s'il ne se « sépare » pas, l'enfant s'angoisse et craint la fusion. Il la craint d'autant plus que la mère, simplement parce qu'elle est « mère », a eu un lien fusionnel avec l'enfant et de ce fait, tout pouvoir sur lui. De par ce double ressenti simultané, l'enfant peut toujours craindre telle une menace sourde que sa mère, si elle le « veut », l'empêche de s'affranchir, de se libérer, de couper d'avec elle !

C'est d'ailleurs bien parce qu'il veut échapper à ce « pouvoir » de sa mère que l'enfant et parfois même l'adulte accepte de se « séparer ». C'est dire si une mère qui prolonge cette fusion peut devenir angoissante pour l'enfant !

Par ailleurs, des maladies précoces et graves chez l'enfant sont souvent à l'origine de cette angoisse. Elles ont pour principales conséquences à la fois de retarder concrètement, physiquement la « séparation » pour l'enfant, qui se sent d'autant plus dépendant, et également, ce qui est compréhensible, de déclencher un surcroît de protection de la part de la mère, qui vient ainsi nourrir le lien fusionnel.

Enfin, il se crée une relation particulièrement forte entre la mère et l'enfant quand ce dernier naît dans des conditions spécifiques, parfois dramatiques : l'abandon de la mère par le père, la perte d'un enfant, du conjoint ou même de l'un des parents particulièrement chéri, tout cela favorise un « désir » de fusion de la part de la mère et/ou le sentiment du côté de l'enfant d'avoir une place, un statut particulier, en étant pour sa mère irremplaçable, ce qui bien évidemment n'encourage pas non plus la séparation souhaitable.

De fait, une trop grande proximité physique et surtout psychoaffective avec la mère, une forme de complicité dans le soutien de la mère par l'enfant, maintient une sorte de fusion au risque de générer à terme ladite angoisse.

Fusion et séparation : les deux faces de la même médaille

Par ailleurs, au-delà de l'angoisse de fusion (prolongée) induite directement comme on vient de le voir par la mère ou par des événements particuliers, il est évident que plus l'angoisse de séparation existe, moins on se « sépare » et, par conséquent, plus on risque de voir apparaître l'angoisse de fusion.

Ainsi, l'état fusionnel premier, incontournable par nature, génère ces deux angoisses un peu décalées dans le temps, qui peuvent paraître contradictoires mais qui sont les deux faces de la même médaille : l'angoisse de fusion et celle de la séparation. Elles sont liées dans la mesure où moins l'angoisse de séparation existe, plus on se sépare facilement et moins l'on craint la fusion. C'est quand il n'y a pas vraiment possibilité de séparation que l'angoisse de la fusion se développe. L'individu peut alors éprouver l'une ou l'autre en fonction des moments et du contexte.

Si ces angoisses coexistent dans la relation de l'enfant avec ses parents, elles coexistent également plus tardivement, une fois l'individu devenu adulte.

D'où qu'elle vienne, l'angoisse de la fusion, toujours liée au besoin vital de séparation, s'exprime tôt ou tard chez l'enfant (et chez l'adulte) de manière violente, en tout cas à travers des comportements conflictuels qui se traduisent souvent par des crises, des somatisations qui ne sont que l'expression de leur malaise.

Une fois la maturité psycho-affective atteinte, l'individu ne doit « normalement » plus éprouver ni l'une ni l'autre, ni l'angoisse de la séparation, ni celle de la fusion, puisqu'il doit alors avoir *définitivement* intégré qu'il est un être autonome.

Toutefois, on sait bien que beaucoup d'adultes éprouvent ces angoisses de manière latente ou ponctuelle et de façon plus ou moins consciente ; dans les relations amoureuses notamment, ce qui n'est pas un hasard puisque ce sont celles où la charge affective est la plus forte et où se rejouent toujours les relations affectives primaires.

À l'origine de l'angoisse/peur de la fusion

- Une mère fusionnelle, « demandeuse », carencée affectivement
- Une mère très protectrice, possessive
- Des maladies graves et précoces
- Une place, un statut privilégié
- Et... une forte angoisse de séparation

Principales peurs de fond

- Être phagocyté(e)
- Être envahi(e)
- Disparaître
- Ne pas avoir de place
- Ne pas avoir de vie propre
- Ne pas avoir d'identité

Principales « peurs écran » ou « peurs symptôme »

- Peur de s'engager
- Peur d'aimer
- Peur d'être aimé(e)
- Peur de l'autre

▶▶▶ LA PEUR DE S'ENGAGER

Situation présente

Âgée de quarante ans, Sandrine vit seule et n'a jamais vraiment réussi à s'engager dans une relation affective. Après plusieurs années passées avec un homme qu'elle semble aimer, elle n'y parvient apparemment toujours pas. Presque en rupture avec son ami qui souffre de cette situation et lui en demande plus, elle a conscience de ne pas réussir à prendre la décision d'aller plus loin, en l'occurrence celle de prendre un appartement en commun, de rencontrer sa famille, etc.

Le passé

Sandrine est née après deux fausses couches. Sa mère a craint à nouveau une séparation d'avec elle et a maintenu une sorte de lien fusionnel auquel Sandrine tenait beaucoup comme tout enfant et qu'elle ne désirait perdre pour rien au monde dans la mesure où il lui conférait un statut particulier, privilégié. Par ailleurs, le père de Sandrine les a quittées sa mère et elle quand elle était encore toute jeune, ce qui bien évidemment a maintenu et renforcé en quelque sorte ce lien fusionnel.

En fait...

Très indépendante d'un côté, Sandrine a pourtant du mal à vivre sa vie et reste très attachée à sa mère, comme si elle craignait de s'en séparer, comme si elle allait y perdre gros, comme si sa mère lui demandait aussi, bien sûr, de lui rester attachée.

Compte tenu de son vécu avec sa mère, Sandrine redoute aussi inconsciemment qu'en s'engageant dans une relation affective forte, durable, établie, elle soit un peu prise en otage, comme elle l'a été d'une certaine manière involontairement par sa mère.

De fait, Sandrine veut vivre sa vie mais n'y parvient pas. Elle veut vivre pour elle, elle aime cet homme sans réussir à s'engager avec lui. Où est-elle ? Où est sa vie ? C'est de cette contradiction qu'elle cherche à sortir aujourd'hui.

▶▶▶ LA PEUR DE L'INTIMITÉ

Situation présente

Tout le monde reproche à Florence d'être dure, froide, son ami en particulier, de ne lui faire aucune confidence, d'être trop indépendante, trop distante, de toujours se méfier aussi. Florence en est consciente, elle aimerait changer mais n'y parvient pas.

Le passé

Florence dit de sa mère qu'elle l'a en quelque sorte vampirisée et qu'elle est très infantile. Beaucoup plus jeune que son mari, avec lequel elle ne s'entend pas, Florence a immédiatement « tout » représenté pour elle, lui donnant même d'une certaine façon un statut de femme adulte qu'elle n'avait jamais réussi à prendre ni aux yeux de ses propres parents, ni aux yeux de son mari.

Privée de tendresse par son mari, la mère de Florence a tout reporté sur sa fille avec qui elle cherchait une complicité totale. De plus, ne travaillant pas, elle s'est énormément occupée d'elle. Un peu déprimée, elle a même retardé d'une année l'entrée de sa fille à l'école primaire pour la garder plus longtemps près d'elle.

Plus le père de Florence essayait de raisonner sa femme à ce propos, moins elle se sentait comprise et plus elle se « rabattait » sur sa fille. Petit à petit, elle en a fait sa confidente, d'autant que les relations avec son mari n'ont fait que se dégrader.

En fait…

Objet d'affection surinvesti mais depuis le départ sans avoir vraiment de place à elle, Florence craint toujours à présent dans des relations affectives profondes de se faire absorber, phagocyter à nouveau et elle a peur de l'intimité.

Dans une relation affective profonde, elle ne peut aujourd'hui s'empêcher de se sentir envahie ; c'est pourquoi elle préfère garder ses distances. C'est presque pour elle une question de survie.

▸▸▸ LA PEUR DE LA RELATION

Le passé

Tout petit, Jean-Paul est atteint d'une maladie très grave qui met sa vie en danger.

Sa mère, qui ne vit que pour ses enfants, ne cesse une fois qu'il est tiré d'affaire de le couver. Dès lors, Jean-Paul et sa mère sont particulièrement proches, se rassurant l'un l'autre en permanence. Aujourd'hui encore, Jean-Paul ressent un besoin vital de sa mère et de sa présence.

Situation présente

Toutefois, c'est dans ses relations avec les femmes qu'à l'approche de la trentaine il rencontre d'importantes difficultés. Dès qu'il entreprend une relation amoureuse ou simplement quand il l'envisage, il se met aussitôt dans une demande de fusion totale, avec à l'avance une terrible angoisse de séparation, de rupture, ce qui gâche beaucoup ses relations.

En fait…

En même temps il est dans l'incapacité de se « donner » vraiment, de s'abandonner, comme s'il y avait pour lui un grand risque de régression, comme s'il redevenait le bébé sans défense et à la merci complète de l'autre, en l'occurrence de sa mère, tel qu'il le fut pendant et après sa maladie, vivant alors paradoxalement une angoisse de fusion aujourd'hui insupportable.

Entre ses deux angoisses, Jean-Paul est complètement bloqué dans ses relations amoureuses.

L'angoisse de castration

Outre l'angoisse de séparation et l'angoisse de la fusion, il existe l'angoisse de castration.

Au sens propre, on parle bien sûr de castration des organes sexuels.

Au sens psychanalytique et d'après Freud, l'angoisse de castration est l'angoisse pour les garçons d'une atteinte physique, notamment des parties sexuelles (la perte du pénis en particulier).

Freud a théorisé et développé l'angoisse de castration et son origine pour le garçon, qu'il reliait en grande partie au complexe d'Œdipe et à la crainte du petit garçon de se voir puni, sanctionné par son père dont il était devenu le rival dans son fantasme. Pour la fille, Freud a développé en parallèle une théorie aujourd'hui controversée.

Il est certain qu'au-delà de cette perte du « pénis » que Freud voyait comme le sexe – ce qui l'a probablement en partie bloqué dans le développement de sa théorie sur ce sujet (mais détailler ce propos n'est pas l'objet de cet ouvrage) –, la petite fille vit elle aussi cette angoisse d'être punie, castrée en quelque sorte, moins peut-être à travers la suppression de « cet » organe qu'elle n'a pas que dans l'expression plus globale de son corps et de ses organes sexuels, en tout cas notamment – comme le garçon – par rapport au *plaisir* qu'elle peut en avoir.

Quoi qu'il en soit, on peut dire pour l'un comme pour l'autre que cette angoisse est celle de se voir privé, au-delà de l'organe, de la possibilité à la fois d'avoir le plaisir que l'on peut concrètement tirer de son corps et d'en exprimer le *désir*, puisque c'est ce dernier qui risque d'entraîner la sanction en premier lieu.

Ainsi, par extension, on peut presque définir *l'angoisse de castration*, là encore pour le garçon comme pour la fille, comme l'angoisse, au-delà de celle de se voir privé de son seul sexe, de perdre, d'être « coupé » d'une partie de son corps et plus largement de tout ce qui, concrètement ou symboliquement, est lié à l'expression de sa sexualité, et ce par crainte d'une sanction.

Même si les choses ont de toute évidence considérablement évolué depuis l'époque de Freud, on peut estimer que l'angoisse de castration, comme les angoisses de séparation et de fusion, est en quelque sorte « naturelle ». En effet, elle est liée à la constitution pour l'enfant de son être sexué : d'une part, il se découvre et doit exister comme tel, et d'autre part, il se pose dans tous les cas en rivalité, ou du moins en concurrence, avec d'autres êtres du même sexe que lui, et inévitablement avec son parent.

L'angoisse de castration, qui génère principalement chez l'individu la *peur de sa sexualité* et de son expression, peut également déclencher chez l'enfant – et chez l'adulte plus tard si le problème n'est pas réglé – celle de « *se montrer* » comme un individu de sexe féminin ou masculin, pleinement, avec tous ses attributs et potentiels.

Craignant de perdre l'organe ou d'être coupé d'une partie de son corps, le petit garçon (comme la petite fille) peut en effet éviter de se poser, de se montrer et ce qui est plus grave encore de se vivre comme tel puisque c'est alors par définition reconnaître qu'il a un sexe, une sexualité, ce qui amplifie pour lui, dans son imaginaire, les « risques » de castration. De fait, se montrer garçon ou fille peut faire craindre d'autant plus à l'enfant la castration de l'organe et de la sexualité dans la mesure où par nature ils sont liés à son sexe biologique. Pour se protéger, il peut donc préférer les « cacher ».

Interdit et peur de la sanction

Outre la crainte de perdre – ce qui est compréhensible – le cadeau précieux, le trésor qu'il vient de découvrir, à savoir son sexe biologique et ses potentiels, il est évident que l'angoisse de castration est également pour l'enfant intimement liée à la crainte d'une sanction. Or s'il y a crainte de sanction, c'est qu'il existe la conscience d'un interdit.

Par conséquent, si les parents sont très « castrateurs » dans leur éducation, leur personnalité, cette angoisse sera d'autant plus forte que l'interdit lui-même est fort et que la crainte de la sanction est importante.

De même, si le couple des parents est désuni, l'enfant peut développer un « œdipe » particulièrement fort qui générera probablement de la culpabilité et une crainte d'autant plus forte de la sanction.

Castration symbolique

Par ailleurs, certains parents – pour des raisons que nous évoquerons dans les prochaines lignes – ne reconnaissent pas, n'acceptent pas le garçon ou la fille comme tel, lui interdisent d'une certaine manière d'être « garçon » ou d'être « fille », ne l'y autorisent pas.

Il existe de nombreux facteurs comme des personnalités de parents qui peuvent faire craindre à l'enfant une sanction s'il exprime son identité sexuée. Dans ce cas précis on peut dire qu'il s'agit d'une *castration symbolique*, d'une censure qui finalement est bien plus réelle et fréquente que la castration physique, qui elle reste bien entendu la plupart du temps imaginaire ! Ici, l'interdit existe et n'est pas seulement fantasmé, imaginé par l'enfant : il est réel.

Cette *castration*[1] génère inévitablement chez l'individu qui en est l'objet deux angoisses parallèles : celle liée à la menace réelle de ne pouvoir être ce qu'il est, à la censure en quelque sorte de son identité sexuée tout entière et celle corollaire de se montrer, d'exister comme garçon ou fille, toutefois pour des raisons un peu différentes que celles évoquées précédemment. En effet, c'est en amont cette fois que l'enfant n'ose pas se montrer en tant qu'être sexué puisque, en quelque sorte, il n'en a pas le droit.

Ces deux angoisses, souvent diffuses mais très puissantes à la hauteur de ce dont elles sont l'objet, renforcent indirectement l'angoisse de castration à proprement parler. Effectivement, si je ne peux exister comme garçon ou fille, je vais d'autant plus m'angoisser à l'idée d'avoir un sexe et une sexualité, ce qui ne peut alors qu'être sanctionné. Et le cercle vicieux est lancé.

1. Le terme est ici en italique pour indiquer qu'il s'agit de castration de l'identité sexuée du sujet et en ce sens la différencier de celle dont j'ai parlé jusqu'à présent.

De l'angoisse de castration à la peur d'être un « homme » ou une « femme »

L'angoisse initiale de castration au sens propre du terme, surtout dans la mesure où elle est probablement moins d'actualité qu'elle ne le fut pour les générations précédentes[1], doit « normalement » passer tout comme celle de séparation ou de fusion sans laisser de traces majeures, en tout cas de peurs. Toutefois, quand ce n'est pas le cas, cette angoisse est à l'origine notamment une fois adulte de peurs et d'inhibitions sexuelles et affectives.

> L'angoisse de castration est longue à dépasser puisqu'elle est liée d'une certaine façon à un interdit réel et qu'elle touche l'être en son entier.

Les peurs qui en découlent sont celles d'exprimer, de manifester son désir et son plaisir sexuels mais également, comme nous l'avons évoqué, celle de se « poser » globalement comme un homme ou une femme et par conséquent la peur de manifester tout désir ou plaisir (au-delà de la sexualité), pour peu qu'ils soient associés à l'expression, la manifestation, pour l'individu/homme de sa dimension masculine, virile, ou pour l'individu/femme de sa dimension féminine.

Ainsi, quand les angoisses de castration et/ou de *castration* ont été violentes et qu'elles n'ont pas été dépassées, les personnes devenues adultes ont peur de vivre et de « montrer » leur identité d'homme ou de femme. Ils la cachent de différentes manières :

- en masquant leur corps, leur pouvoir de séduction ;
- en ne se valorisant pas en tant que tels ;
- en ne s'affirmant pas non plus comme tels ;
- en ne se mariant pas ;
- en ne se reproduisant pas ;

1. On peut supposer en effet qu'avec l'évolution des relations conjugales et familiales et la libération sexuelle, le complexe d'Œdipe tout comme la répression sexuelle et l'angoisse qui y est en grande partie liée ne sont probablement plus aussi prégnants.

- en n'ayant pas de vie ou de plaisir sexuel, etc.

Cette peur finalement d'être un « homme » ou une « femme » inclut inévitablement la peur du sexe opposé dans le sens où il est révélateur du sien. Quand on y réfléchit, cela n'est pas si rare !

Histoire personnelle et... angoisse de castration

Malgré les évolutions socioculturelles, l'attitude personnelle des parents est de toute évidence prédominante. Il est certain qu'un père distant, autoritaire, dominateur fera toujours peser davantage les interdits et craindre la sanction, quelle qu'elle soit.

D'autre part, des parents issus d'une famille traditionnelle et/ou ayant subi une éducation très rigide, en ce sens un peu « castrés » eux-mêmes, nourrissent plus facilement chez leur fils voire leur fille, si la sexualité et le plaisir ont été peu autorisés ou admis, cette angoisse.

Un père qui maintient d'autant plus son pouvoir de père qu'il est resté lui-même un « petit garçon » sans vraiment devenir adulte et qui a besoin de cela pour se sentir un « homme » aura un effet castrateur sur son fils qu'il n'autorisera pas de ce fait à accéder lui-même à son « pouvoir », à sa place d'homme. Il en est de même pour une mère avec sa fille.

Un père qui a besoin de garder *le* pouvoir, c'est-à-dire qui ne peut admettre l'autre, en l'occurrence son fils voire sa fille, dans sa force et sa différence parce qu'il craint toujours que son enfant lui fasse de l'ombre, nourrit directement ou indirectement cette angoisse. Il en va de même là encore entre une mère et sa fille, voire son fils.

Un père ou une mère qui a besoin de contrôler d'abord ses propres pulsions, ensuite celles des autres, induit également cette angoisse.

Une mère qui par jalousie, rivalité n'autorise pas sa fille à être une femme potentielle d'abord, révélée ensuite, nourrit elle aussi une angoisse de castration. Il en est de même entre un père et son fils.

De fait, la rivalité peut venir de l'enfant mais également être induite complètement par le parent, aux dépens de l'enfant qui a alors le sentiment de « perdre », d'être vaincu sur tous les tableaux.

Indépendamment de l'attitude des parents, des accidents, des blessures graves, des amputations, des ablations peuvent selon l'époque à laquelle ils interviennent frapper l'enfant qui risque alors de les interpréter comme des signes concrets de la possible castration qu'il encourt. Cela le marque aussi dans sa chair puisqu'il perd quelque chose, puisque, en effet, on lui enlève quelque chose.

Enfin – et je l'ai déjà évoqué –, des parents désunis, en laissant davantage de place aux fantasmes et aux désirs de l'enfant sur eux, peuvent indirectement amplifier la crainte de la sanction qui va avec.

À l'origine de l'angoisse/peur de castration

- Personnalité et attitude « castratrice » des parents
- Interdits forts
- Éducation rigide
- Accidents, opérations, ablations
- Désunion des parents

Principales peurs de fond

- Peur de prendre sa place d'homme ou de femme
- Peur de s'exprimer
- Peur de son plaisir
- Peur d'être puni

Principales « peurs écran » ou « peurs symptôme »

- Peur de son désir et/ou plaisir sexuel
- Peur des hommes, des femmes
- Peur de plaire
- Peur de s'affirmer
- Peur de mal faire
- Peur de la sanction

▶▶▶ LA PEUR DE SON PLAISIR

Situation présente

Originaire d'une famille d'émigrés espagnols venue s'installer dans le sud de la France, Nina, une toute jeune femme, a aujourd'hui une difficulté immense dans ses relations aux hommes. Elle n'en connaît pas ou peu et quand l'un se présente, elle le fuit. Ce n'est pas l'homme en tant que tel qui lui fait peur mais le plaisir qu'elle pourrait en réalité avoir, découvrir avec.

Elle se cache et elle cache sa féminité derrière des kilos superflus, des vêtements très amples, des pantalons ou des jupes qui dissimulent toujours ses jambes.

Le passé

En fait, la sexualité et le plaisir ont toujours été interdits dans son éducation. On n'en parlait pas, le sexe était un objet sale, même le corps d'une manière générale était à cacher. De plus, avec un père comme elle le dit elle-même très « macho », ni le sexe féminin, ni a fortiori *son plaisir n'étaient valorisés, on pourrait même dire reconnus comme existants.*

Le père de Nina « naturellement » désirait un garçon. C'est dire si dès le départ le sexe féminin était d'une certaine façon non désiré, non souhaité.

En fait…

Cette éducation, ce regard de son père sur elle, le modèle qu'elle a eu de sa mère plutôt soumise ou résignée l'ont conduite d'une part à ne pouvoir être fière de son sexe – féminin – et d'autre part à surtout ne pas lui donner sa place, ne pas le reconnaître, ne pas en jouir ; en quelque sorte à se castrer.

Ainsi est-ce la peur de (re)découvrir son sexe « féminin » et sa sexualité de femme qui l'écarte des hommes, repoussant toujours le moment où elle en rencontrera un.

▸▸▸ LA PEUR D'ÊTRE UN HOMME

Situation présente

Pascal, un ingénieur, a peur de son supérieur hiérarchique. Impossible de lui parler simplement, de lui faire part de ses idées, de lui poser des questions, de dire ce qu'il pense, de mettre des limites, de s'affirmer. En sa présence, Pascal perd même, au-delà de ses intentions initiales, tout réflexe professionnel, il panique et bredouille.

Parallèlement, il le critique beaucoup, ne le tient pas au courant de certaines de ses actions, rechigne à rendre des comptes, retient des informations, épie ses moindres faits et gestes et note toutes ses insuffisances, ses faiblesses.

Le DRH dont il est proche lui conseille de faire une démarche car cette attitude le dessert complètement non seulement en terme d'image mais aussi dans son ambition d'évoluer, de prendre éventuellement la place de ce patron dont il ne cesse de dire qu'il n'est pas à la hauteur.

Le passé

Pascal est issu d'une famille nombreuse de la bourgeoisie paysanne. Chez ses parents, la sexualité est on ne peut plus taboue.

Par ailleurs, son père, souvent absent, travaillant beaucoup, est assez peu accessible, humiliant et méprisant ; il dévalorise tout le monde en permanence et particulièrement Pascal. Il n'a de cesse de montrer qu'il est le père face auquel on ne peut être qu'un petit garçon. Dans ce type de relation, il n'y a guère de place pour devenir un jour l'adulte, l'égal.

De son côté, Pascal, doté d'un tempérament très sensible, ne rêvait dans son enfance que d'être auprès de sa mère, par affinité d'abord, par manque et désir de tendresse ensuite. Doux, il n'aspirait qu'à des relations empreintes de sensualité pour ne pas dire, en grandissant, de sexualité dans un monde qui pour lui en manque si cruellement.

Ainsi, Pascal a vécu son enfance à la fois dans une sorte de culpabilité générée par ses désirs, dont il savait parfaitement qu'ils étaient interdits, et d'humiliation, ce qui ne l'a pas encouragé à être vraiment lui-même. De fait Pascal ne « grandit » pas.

En fait...

Ses désirs interdits, impossibles compte tenu du milieu dans lequel il est élevé d'une part et du comportement très castrateur de son père de l'autre, font que Pascal a peur d'être un « homme ». Aujourd'hui, il a en effet peur de l'être avec son patron, mais également dans ses relations avec sa femme, avec laquelle il dit lui-même se comporter comme un petit garçon.

« Être un homme », se montrer un homme dans tous les sens du terme, a été interdit à Pascal par son père et reste dans sa tête, aujourd'hui encore, extrêmement dangereux.

▸▸▸ LA PEUR DE SA MÈRE

Le passé

La mère de Béatrice ne souhaitait pas que celle-ci devienne une « femme » à part entière, ne l'ayant pas été elle-même, n'ayant pas vécu elle-même sa vie de femme : elle avait épousé un homme plus par contrainte que par amour et lui avait toujours été soumise, comme à sa propre famille.

Par ailleurs autoritaire et dominatrice, elle a d'abord tout fait pour maintenir Béatrice dans un état de « petite fille » obéissante et docile, et comme un être asexué. En effet, jamais sa mère ne la valorisait en tant que fillette. Plus tard, elle n'attendait d'elle que de réussir dans les études, ce que Béatrice est parvenue à faire sans aucun problème.

Lors de sa thérapie, Béatrice réalise que depuis qu'elle est petite, elle n'a en réalité jamais rien pu exprimer, montrer voire vivre de son désir de petite fille, de son désir d'être une petite fille. Elle prend également conscience que compte tenu des relations inexistantes entre ses parents, elle s'imaginait enfant avoir une place très privilégiée auprès de son père. Cette pensée et ce désir mêlés ne manquent pas, d'autant qu'elle sait sa mère malheureuse, de générer sa culpabilité et une peur proportionnelle de sa mère.

Situation présente

Aujourd'hui, Béatrice a trente-huit ans. Ce qui dérange sa mère – essentiellement par rapport à la famille, aux amis, aux voisins – c'est que sa fille ne soit pas mariée et qu'elle n'ait pas d'enfant. Elle « sait » très bien que l'on peut se marier et avoir des enfants sans être pleinement une « femme ». Elle n'autorise Béatrice à être une femme qu'en apparence, pour l'image sociale, mais elle ne fait toujours rien pour la reconnaître vraiment, la valoriser en tant que femme, critiquant, pour n'évoquer que cela, ses dépenses pour un vêtement ou un rendez-vous chez le coiffeur, ses envies de créativité.

De fait, si elle la soutient toujours dans ses ambitions professionnelles, elle a détruit dans leur image les deux hommes que Béatrice lui a présentés. La dernière fois remonte à sept ans en arrière.

En fait...

Aujourd'hui encore, Béatrice ne se vit pas comme une femme et craint d'être une femme. En réalité, elle a surtout peur de sa mère. Quand elle réalise petit à petit que cette dernière n'a plus aucun pouvoir sur elle, elle commence à se libérer et... rencontre son ami.

Besoins « vitaux » et peurs de base

L'être humain a des besoins fondamentaux qui demandent à être comblés, au moins en partie, afin qu'il puisse se développer sans trop d'entraves ni trop de « peurs ». Il s'agit du *besoin d'amour*, du *besoin de sécurité* et du *besoin de « puissance »*.

Dans la mesure où ces besoins sont vitaux, fondamentaux, leur correspond l'angoisse chez le tout petit enfant qu'ils ne soient pas comblés et par la suite la peur qu'ils ne le soient jamais si des événements ou des comportements, notamment parentaux, le lui donnent à penser, le lui laissent « croire ».

Au tout début de l'existence – par la suite également et nous y reviendrons – il est donc essentiel au risque de provoquer des blessures graves et des peurs importantes que ces besoins soient en partie comblés.

Le besoin d'amour

Le besoin d'amour est le plus fréquemment évoqué et celui dont on a le plus pris conscience *a priori*.

> Si l'on devait établir une hiérarchie entre les trois besoins vitaux, le besoin d'amour serait vraisemblablement le premier dans la mesure où s'il n'est pas comblé, les deux autres, directement ou indirectement, le sont eux-mêmes beaucoup moins.

Être et se sentir aimé : voilà dès la naissance, pour ne pas dire même de manière préexistante à celle-ci, le premier besoin de base du petit enfant.

Être aimé : cela signifie précisément, à ce moment de la vie, être bien sûr accueilli, soigné, nourri, mais aussi être l'objet d'une attention soutenue, de paroles, de caresses.

L'enfant a également besoin de sentir un regard totalement positif posé sur lui.

Plus tard, quand il grandit, il a besoin pour se sentir aimé d'être respecté, écouté, entendu, besoin de présence au sens plein du terme et toujours d'être l'objet d'affection, de tendresse. Il a besoin que l'on communique avec lui.

Pour remplir complètement leur fonction, l'affection et la tendresse – en d'autres termes, l'amour – doivent être démontrées, exprimées et en quelque sorte prouvées. Si ce besoin d'amour n'est pas en grande partie comblé, il génère l'angoisse et *ipso facto* la peur de ne pas être aimé, de ne pas être aimable, d'être rejeté.

Or, à des degrés divers, c'est ce qui se produit fréquemment dans la mesure où il est presque inévitable qu'il y ait eu une insuffisance de la part des parents :

- leur attitude ;
- le désir qu'ils ont eu de l'enfant ;
- la place qu'il a occupée dans le couple ou dans la famille.

Il se peut également qu'il y ait eu un raté de la vie, tout simplement :

- un départ ;
- une séparation.

Ces événements peuvent conduire l'enfant à penser qu'il n'est pas si aimable que cela.

Il existe la plupart du temps toujours une raison qui amène à douter un peu ou beaucoup de cet amour pour soi :

- l'arrivée rapide d'un frère ou d'une sœur ;
- les préoccupations autres de la mère ;
- son incapacité à manifester de la tendresse ;
- l'absence du père, etc.

Ainsi, il s'agit à des degrés divers d'une angoisse et d'une peur très répandues dans la mesure où, une fois encore, il existe souvent un facteur qui fait douter l'individu de l'amour qu'on a pour lui, c'est-à-dire aussi pour ce qu'il *est* dans sa différence et son unicité. De fait, ressentir l'amour pour soi, c'est aussi ressentir l'amour pour ce que l'on *est soi-même.*

Combien de patients font la remarque : « Mes parents m'aimaient ! » Certes, il est rare que des parents n'aiment pas leur enfant, mais tout réside dans le « comment » ils l'aiment, pourquoi, et de quelle manière ils le manifestent.

Évidemment, ce besoin est particulièrement vital aux premiers stades de la vie. Si ce besoin d'être aimé n'est pas comblé, l'enfant déclenchera profondément et pour longtemps cette peur de ne pas être aimé. Ce qui sera vécu par la suite viendra renforcer cette peur initiale si elle existe.

L'impact de la prime enfance et la peur de ne pas être aimé

C'est en général à partir d'événements particuliers ou de l'attitude du parent – essentiellement là encore de la mère – que se développent au tout début de la vie cette angoisse et cette peur de ne pas être aimé.

Il est impossible de répertorier de manière exhaustive l'ensemble d'attitudes, d'événements et de faits qui peuvent être à l'origine d'un tel doute. En voici toutefois quelques-uns :

- des mères absentes, distantes, froides ou des mères très affectives en apparence mais qui phagocytent leur enfant, ne le rassurent pas sur le fait qu'il est aimable ;
- peu de manifestations d'affection, peu de tendresse, d'attentions, peu de « signes » d'amour, peu d'échanges génèrent cette même peur, ce même doute ;
- un enfant non désiré ou ayant provoqué la déception à sa naissance quant à son sexe ou à son physique sera ébranlé dans son besoin d'assurance ;
- une fois encore, la séparation brutale, précoce d'avec la mère ou l'abandon par le père ne peuvent que créer des failles...

> Tout comme un vécu de séparation alimente la peur de ne pas être aimé, le manque d'amour ou le sentiment de manquer d'amour alimentera l'angoisse de séparation.

Nous commençons là à voir comment tout peut se complexifier...

▸▸▸ CECILIA (SUITE) OU LA PEUR DE N'ÊTRE PAS AIMABLE

Le passé

Cecilia, qui a vécu très fortement l'angoisse de séparation suite au décès de sa mère et en a gardé la peur, a ressenti également ce départ comme un abandon, comme un rejet. En effet, il s'agit pour elle du premier signe, dans l'état de conscience de ce qu'elle est à l'époque à savoir un bébé de quelques jours, d'un non-amour.

Quelques années plus tard, son père se remarie et fait revenir Cecilia auprès de lui, à l'étranger de surcroît où il est parti par chagrin après le décès de sa femme et où il a refait sa vie. Il « arrache » ainsi à nouveau Cecilia à sa tante qui l'a prise avec elle et l'élève depuis le décès de sa mère.

Cecilia, qui a déjà vécu le départ de son père comme un deuxième abandon dans la mesure où elle n'était alors pas capable de comprendre le désarroi de ce jeune homme de vingt-sept ans, vit la séparation d'avec sa tante non seulement comme un déchirement mais aussi comme une nouvelle preuve de non-amour de la part de son père qui l'éloigne de cette femme. Dans sa tête d'enfant, elle ne comprend pas non plus pourquoi sa tante ne se bat pas pour la garder.

En fait...

Suite à tous ces événements qu'elle vit comme des abandons successifs, Cecilia conclut – et la majeure partie des enfants en de tels cas seraient parvenus à la même conclusion – qu'elle ne doit pas être bien aimable pour que tous l'abandonnent et la trahissent ainsi !

Situation présente

Aujourd'hui, Cecilia éprouve bien sûr cette même crainte à l'égard des hommes ; elle n'est pas aimable, elle sera donc abandonnée. Elle a d'ailleurs toujours choisi, comme par hasard, avant de faire un travail sur elle et de rencontrer son mari, des hommes qui effectivement ne l'aiment pas et qui d'une manière ou d'une autre l'abandonnent.

▶▶▶ LES PEURS DE DIRE NON, DE NE PAS ÊTRE À LA HAUTEUR, DE S'AFFIRMER

Le passé

Les parents de Stéphanie ont toujours été très exigeants, durs parce que élevés très durement eux-mêmes, partis de rien, ayant dû se battre dans la vie pour réussir ; ils font peu de compliments et attendent toujours plus de leurs enfants.

Aux dires de Stéphanie, le père de Stéphanie a toujours préféré son frère. Quant à sa mère, très peu démonstrative, égocentrique du reste avec un fort besoin de se valoriser elle-même, d'être au centre, presque jalouse parfois de sa propre fille, cherchant même à la rabaisser, elle peut difficilement la rassurer sur ses sentiments pour elle.

Situation présente

Aujourd'hui, Stéphanie souhaite avant tout s'affirmer, réussir à dire « non », savoir poser des limites notamment dans le domaine professionnel.

Elle a en effet toujours le sentiment d'être « nulle » et de ne pas « faire assez bien ». Par conséquent, elle craint d'accéder à certains postes où elle serait plus exposée. Elle a peur de ne pas être à la hauteur et de ne pas être reconnue.

Dans ses relations amoureuses, Stéphanie cherche bien sûr à être aimée, rassurée, elle n'a pas confiance en elle. Elle est d'ailleurs dans une situation personnelle où elle craint de quitter un homme qui pourtant lui donne très peu mais dont elle espère toujours des preuves d'amour qu'elle lui demande sans cesse.

En fait...

C'est essentiellement par manque de preuves d'amour que Stéphanie éprouve toutes ces peurs : peur certes de dire non à un homme, à ses parents, à sa responsable, mais également peur de mal faire, de décevoir, peur de ne pas être reconnue, de ne pas être acceptable comme elle est.

▸▸▸ L'ANGOISSE D'ÊTRE REJETÉE

Le passé

Le père d'Irène a quitté sa mère avant sa naissance, elle ne l'a donc jamais connu.

Situation présente

Irène, qui a divorcé après des années de mariage difficiles avec un homme qui ne l'aimait pas, vit toujours aujourd'hui, à plus de quarante-cinq ans, dans la terreur permanente de ne pas être aimée ; par sa fille, par ses amis, par sa sœur, par les hommes qu'elle rencontre et avec lesquels elle a des aventures, espérant chaque fois qu'il s'agira du grand amour.

Elle interprète tous les signes en ce sens, tournant inlassablement dans sa tête les phrases, les mots, les gestes, les actes qui ont été dits, qui ont été faits, tantôt pour se rassurer, tantôt pour bien se prouver à elle-même qu'on ne l'aime pas. Elle a tellement peur d'être rejetée qu'elle ne réussit pas à se faire respecter, sauf dans son travail.

En fait...

Elle doute de tout le monde et éprouve le besoin d'être rassurée en permanence, demande sans fin des preuves et entre dans des crises d'angoisse et dans de vrais « délires » quand elle pense qu'on la rejette, qu'on ne la respecte pas ; tout simplement qu'on ne l'aime pas.

À l'origine de la peur de ne pas être aimé(e)

- Un « abandon » par le parent : départ, décès, absence, divorce
- Une non-reconnaissance : désir et attentes autres, préférences, comparaisons
- Une non-manifestation de l'amour par les parents : exigence, dureté, froideur, distance

Principales peurs de fond

- Ne pas être aimé(e), aimable
- Être rejeté(e)
- Être abandonné(e), quitté(e)
- Ne rien valoir

Principales « peurs écran » ou « peurs symptôme »

- Peur de ne pas être à la hauteur
- Peur de dire non
- Peur de s'affirmer
- Peur de s'engager
- Peur d'aimer
- Peur de décevoir
- Peur du jugement

Le besoin de sécurité

Le deuxième besoin de base du petit enfant est le besoin de sécurité.

Quand il est nourrisson, la *sécurité affective* et la *sécurité vitale* (c'est-à-dire le sentiment pour l'enfant que sa vie n'est pas mise en danger) sont intimement liées : elles sont nécessaires, au démarrage, à son développement physique et psychique. Par la suite, sécurité affective et sécurité vitale se différencient petit à petit...

Le *besoin de sécurité affective* se déverse en grande partie dans le besoin plus général d'amour puisqu'il s'en nourrit essentiellement même s'il ne s'y réduit pas.

En effet, l'individu se sent sécurisé affectivement s'il se sent aimé. Toutefois, des personnes peuvent avoir parfaitement ressenti l'amour envers elles puis vivre une forte insécurité affective parce qu'elles en sont coupées ; quand un parent s'en va ou décède par exemple, ou simplement parce qu'il n'est pas stable dans sa propre vie, ni dans ses relations.

Au-delà du sentiment d'être aimé qui le comble en grande partie, le sentiment de *sécurité affective* est essentiellement alimenté pour le reste par la *stabilité des relations* et la *maturité des parents*.

De fait, des personnes même comblées d'amour peuvent vivre – bien que plus faiblement *a priori* que si elles en étaient radicalement privées – un sentiment d'insécurité affective parce que leurs parents sont instables, immatures dans leur comportement vis-à-vis d'elles et même parfois plus généralement dans leurs relations affectives avec les autres.

Le *besoin de sécurité vitale* se transformera peu à peu principalement en un besoin de *sécurité matérielle* dans la mesure où l'enfant a alors besoin de sentir que ses parents sont en mesure de lui assurer et de s'assurer à eux-mêmes les moyens de vivre et qu'ils ne sont pas dans une précarité permanente.

Toutefois, si l'enfant doit vivre une insécurité matérielle, cette dernière sera de toute évidence largement compensée par la sécurité affective.

Bien que dans une proportion moindre que lorsqu'il était bébé, l'enfant éprouve toujours le besoin de sentir qu'il continue à être l'objet d'attentions et de soins suffisants et nécessaires à sa bonne santé. On retrouve là le besoin initial de sécurité vitale.

À ce stade plus tardif, les deux parents sont censés combler le besoin de sécurité de l'enfant : le père est davantage censé apporter la sécurité matérielle et la mère, la sécurité affective, même si les deux jouent un rôle dans l'une et l'autre sphère.

L'enfant a de toute évidence besoin de ressentir l'attention, la bienveillance et l'amour de son père comme il a besoin de sa mère sur le plan de la sécurité matérielle, peut-être moins comme « pourvoyeuse de fonds » que comme capable de veiller à une certaine hygiène, une organisation quotidienne, un minimum d'anticipations propres à lui assurer des conditions de vie saines qui comblent ainsi le besoin de sécurité vitale initial.

L'angoisse et la peur de l'insécurité

Comme nous l'avons déjà évoqué, un besoin vital aussi fort engendre inévitablement l'angoisse qu'il ne soit pas comblé.

On voit bien, indépendamment de ce qui se passe objectivement et en l'occurrence même quand il ne se passe rien d'alarmant pour lui, combien chez le petit enfant cette angoisse d'être en non-sécurité existe. Sans aucune raison ni même sans avoir le moindre souvenir d'une quelconque insécurité, il s'angoisse dès qu'il croit perdre sa sécurité jusqu'à ce que, au fil du temps, il soit rassuré.

En revanche, tout comme pour le besoin d'amour, si ce besoin de sécurité n'est que partiellement comblé, cette angoisse se transformera rapidement en une peur latente de perdre à nouveau cette sécurité affective vitale ou matérielle.

Histoire personnelle et… peur de l'insécurité

Il est aisé de penser que le besoin de sécurité vitale se trouve particulièrement et essentiellement entamé :

- si, dans les premiers mois de la vie, l'enfant est victime d'une maladie ou d'un accident grave où il sent sa vie en danger, voire s'il est victime de mauvais traitements ou de l'absence des soins de base ;
- si, un peu plus tard dans les toutes premières années, l'un de ses frères et sœurs ou lui-même est malade, voire décède.

Au-delà des premiers mois et des toutes premières années de la vie – où le sentiment de sécurité affective est intimement lié à celui de sécurité physique, vitale –, ce besoin est surtout comblé, au-delà de l'amour et de la qualité d'amour prodigués, par la présence physique et affective des parents et par leur stabilité.

De fait, la cohérence, la continuité dans la vie des parents – voire dans celle des générations antérieures –, la constance d'une relation positive qu'ils créent avec l'enfant, l'existence de racines nourrissent ce sentiment de sécurité affective. Inversement, leur absence en tout ou partie crée proportionnellement un sentiment d'insécurité et une peur de la perdre.

Le besoin de sécurité matérielle sera lui parasité s'il y a une rupture dans la vie des parents, rupture d'un mode de vie, rupture financière ou une insécurité quasi permanente sur ces deux plans.

▶▶▶ JEAN-PAUL (SUITE) OU LA PEUR DE LA VIE

Situation présente

Suite à la grave maladie touchant son cerveau qu'il a eue à l'âge de deux mois, Jean-Paul a toujours peur d'être malade, affaibli et en non-capacité, notamment intellectuelle ; mais il a surtout peur de tout et en l'occurrence de la vie elle-même puisqu'il l'a perçue dès le départ comme très menaçante, très dangereuse.

Ainsi, Jean-Paul éprouve le besoin de tout contrôler : les personnes, les situations, les désirs, ses pulsions, tout ce qui vit, tout ce qui est fait de vie, toute la vie.

En fait…

Comme il était l'aîné, sa mère n'a pas eu tout de suite les bons réflexes quand il a manifesté les premiers symptômes de sa maladie ; elle ne s'est pas rendue compte de la gravité de son mal. C'est grâce à sa grand-mère, plus avertie, qu'il a été « sauvé ». Il le sait. Son inconscient le sait. Et cela a probablement augmenté ce sentiment d'insécurité, son angoisse de l'époque. Il était vraiment en danger puisque sa propre mère était dans l'incapacité de le protéger !

▶▶▶ CECILIA (SUITE) OU LA PEUR DE PERDRE

Le passé

Cecilia, avec la perte de sa mère, la séparation d'avec sa tante, son arrivée dans un pays étranger auprès d'un père et d'une belle-mère qu'elle ne connaissait pas, a vécu une insécurité affective et vitale extrême.

Situation présente

Elle en a gardé une énorme peur de perdre. Perdre bien sûr ceux qu'elle aime, mais également perdre son travail, son appartement, ses chances dans la vie, des opportunités, perdre de l'argent. Elle est toujours totalement insécurisée.

En fait...

Dès qu'elle acquiert quelque chose, que ce soit sur le plan professionnel ou sur le plan affectif, elle craint aussitôt de le perdre.

▸▸▸ LE BESOIN EXCESSIF DE SÉCURITÉ

Le passé

Un père presque toujours absent de par son métier, une mère travaillant beaucoup... Ce sont toujours des nourrices et des gouvernantes qui, au fil des années, se sont occupées de Marianne.

Enfant unique, elle n'a ni frère ni sœur avec qui partager et construire une relation affective dans le temps. Comme Marianne connaît de multiples déménagements, elle comprend très tôt qu'elle ne peut pas non plus s'attacher à une nourrice qui change tout le temps.

Situation présente

Insécurité affective, besoin de repères, Marianne une fois adulte se place très tôt dans des sécurités professionnelles et personnelles qui en réalité ne lui conviennent pas vraiment tant le sentiment d'être dans l'insécurité, la précarité, le temporaire l'angoisse.

De plus, elle n'est pas sûre d'elle et ne se sent pas aimable.

En fait...

L'absence de ses parents a non seulement créé une peur de l'insécurité, de l'instabilité, mais également le doute sur sa capacité à intéresser autrui. Si cela avait été le cas, auraient-ils « choisi » de travailler autant et de la confier pendant des années à des nourrices qu'ils connaissaient à peine ?

Un enfant ne pense évidemment pas comme un adulte et même si l'enfant se raisonne, il ne peut partager les raisons de l'adulte.

À l'origine de la peur de l'insécurité

- Maladie, accident précoce
- Mauvais traitement, désintérêt du parent
- Absence (ou sentiment d'absence) de protection
- Absence ou instabilité des parents
- Manque de continuité, de racines

Principales peurs de fond

- Peur de perdre
- Peur de manquer
- Peur de la vie

Principales « peurs écran » ou « peurs symptôme »

- Peur de vivre
- Peur de la maladie
- Peur de tout
- Peur du changement
- Peur de l'insécurité

Le besoin de « puissance »

Le troisième besoin de base chez l'enfant est celui de pouvoir ressentir et exprimer sa *« puissance »*, c'est-à-dire sa puissance de vie tant physique que psychique, sa puissance *vitale*[1] au sens profond du terme.

Ce besoin relève d'une pulsion de base globale et vitale que l'enfant, tout comme l'adulte plus tard, a besoin de satisfaire, entre autres pour se sentir *vivant*, se sentir en *vie*.

Ce besoin est de fait celui de l'*être vivant* qui cherche de différentes manières à exprimer cette *vie* en lui, *sa vie* en lui. Nous pouvons relier ce besoin en grande partie aux concepts freudiens de pulsions (poussées d'énergie) et de libido (énergie psychique), même s'il ne se réduit complètement à aucun des deux.

1. Quand nous évoquerons ce besoin de « puissance », nous l'indiquerons dans le texte en italique.

Si ce besoin n'est pas assouvi, il s'en dégage une frustration mais également un sentiment d'« impuissance » à l'origine de nombreuses peurs.

C'est en partie à travers le « pouvoir » qu'il découvre avoir sur les choses, sur lui-même et éventuellement sur les autres que, petit, l'enfant exprime et ressent cette *puissance*, ce *pouvoir de vie.*

Tout d'abord, le petit enfant expérimente à travers son corps, les mouvements de son corps, un certain nombre d'actions possibles ainsi que le « pouvoir » qu'il peut avoir sur les objets et sur son environnement : marcher par exemple, jouer, etc. Il éprouve alors un plaisir dans la mesure où il ressent à la fois son autonomie et sa *puissance de vie.*

C'est cette même *puissance* qu'il ressent plus tard quand il grandit et découvre, entre autres, son corps sexué et les plaisirs qui en résultent, notamment à travers l'action qu'il peut lui-même avoir sur ce corps. C'est d'ailleurs toujours cette *puissance* que l'adulte plus tard, au-delà du seul plaisir sexuel, cherche à éprouver. Il est parfaitement établi depuis Freud que « l'énergie sexuelle », bien au-delà de la sexualité à proprement parler, est « pulsion de vie ».

Parallèlement aux découvertes liées à son corps, l'enfant, comme l'adulte plus tard, satisfait ce besoin à travers les actions et les influences qu'il peut avoir sur son environnement humain et matériel comme à travers l'expression de son être tout entier : désirs, envies propres, potentiels, etc.

En effet, c'est toujours et encore cette *puissance* que l'adulte a besoin de continuer à exprimer à travers ses actes, ses talents, sa créativité, son influence, ses expériences.

De fait, il expérimente cette puissance à travers tout ce qui lui est donné à vivre et tout ce qu'il désire et décide de vivre. Si ce *besoin de puissance* ne s'exprime pas vraiment (pour l'enfant comme pour l'adulte), il se transmutera en *désir de pouvoir* sur les autres, sur la matière, sur l'environnement. C'est malheureusement souvent ce qui se passe.

Cela mériterait d'entrer davantage dans le détail mais l'objectif de notre propos sur ce besoin de *puissance* est simplement d'en évoquer l'existence pour éclairer l'impact, le lien qu'il peut avoir avec certaines peurs très profondes. Précisément dans la mesure où ce besoin de *puissance* chez l'enfant ou plus exactement celui de pouvoir *ressentir, exprimer et vivre* cette puissance est naturel et vital, il est essentiel qu'il puisse l'assouvir.

C'est pourquoi il est absolument nécessaire qu'à différents stades de sa croissance il puisse à la fois expérimenter que son corps existe, est vivant, lui procure du plaisir, qu'il a sur son corps un pouvoir – celui entre autres de se donner ce plaisir – et également exprimer ses possibilités, des envies, des « dons ». C'est d'ailleurs en se sentant pleinement *vivant* que l'enfant peut prendre confiance dans *ses potentiels.*

L'enfant a besoin d'avoir pu éprouver et exprimer cette *puissance de vie en lui* pour, une fois devenu adulte, d'un côté avoir confiance en ses potentialités profondes, et de l'autre avoir conscience du « plaisir » au sens large, du *plaisir de vie* qu'il peut se donner d'une certaine façon à lui-même, ce qui d'ailleurs ne fait que renforcer sa confiance !

Ainsi, tout ce qui dans le début de sa vie donne à l'enfant le sentiment qu'il peut exprimer sa *puissance* nourrit sa confiance *en lui*, est à l'origine de comportements positifs et lui permet plus tard dans sa vie d'adulte de *s'exprimer*, de s'épanouir.

Voilà pourquoi, une fois encore, il est fondamental que l'enfant et plus tard l'adolescent ne soit pas « cassé » ni dans les différentes expériences qu'il cherche à faire ni dans la découverte de son corps ; bref, dans aucun des vécus, des initiatives qui peuvent lui permettre d'expérimenter *sa puissance.*

Angoisse d' « impuissance » et inhibitions

De toute évidence, il existe face à un tel besoin l'angoisse correspondante de ne pouvoir l'exprimer et presque, d'une certaine manière, de ne pouvoir *vivre*. Comme les besoins d'amour et de sécurité, le besoin de *puissance* étant vital il existe par conséquent l'angoisse latente de ne pouvoir l'assouvir.

On peut supposer par exemple que la rage de l'enfant quand il veut manger seul, faire seul quelque chose ou tout simplement « faire » et qu'on l'en empêche, au-delà de son besoin d'autonomie et des bêtises que les parents ont intérêt à éviter pour qu'il intègre aussi le principe de réalité, témoigne en partie de cette angoisse diffuse, *a fortiori* s'il se sent déjà plus globalement menacé de ne pouvoir exprimer et satisfaire son besoin.

De fait, l'enfant, comme l'adulte d'ailleurs, s'angoisse quand il craint de ne pouvoir exprimer cette *puissance* en lui.

Il peut paraître difficile de cerner ce besoin et cette angoisse dans la mesure où ils ne peuvent s'appréhender seulement intellectuellement. Pour les capter et bien les saisir, il est préférable de chercher à retrouver, à ressentir ce que « cela fait » ou pas d'exprimer *sa puissance*. Dès que l'on a ressenti la « jouissance » liée à *son* expression, on peut sans doute mieux saisir la nature de l'angoisse qui existe si ce besoin n'est pas assouvi.

Si à un moment ou à un autre – surtout quand on est enfant – ce besoin de l'existence est fortement contrarié, outre l'angoisse de ne pas pouvoir *s'exprimer*, se développent alors des peurs importantes : la peur de *« faire »* et la peur que les autres « empêchent » de faire dans la mesure où c'est ce que l'on a en partie déjà vécu et ressenti. L'individu dont le besoin a été ainsi contrarié revendique d'ailleurs souvent maladroitement ou agressivement ce droit, son droit à *« faire »* ; toutefois, la plupart du temps, il a parallèlement beaucoup de mal à passer à l'acte.

Ce besoin non satisfait, entravé de manière violente ou récurrente, est toujours à l'origine de véritables *inhibitions* dans l'expression vitale de soi, sur plusieurs plans :

- la sexualité,
- les élans,
- les désirs,
- la réalisation.

Histoire personnelle et... son impact

Comme les deux angoisses précédentes, l'angoisse de ne pouvoir exprimer sa *puissance* personnelle passe et se dissipe naturellement si les parents laissent, dans les limites du raisonnable notamment pour sa propre sécurité, l'enfant et plus tard l'adolescent *vivre* et *s'exprimer* dans l'ensemble de ses expériences, tentatives, découvertes, plaisirs. En effet, l'attitude des parents est une fois encore très importante, déterminante. L'entrave peut parfois être subtile mais l'enfant sait très vite s'il *peut* exprimer *sa puissance* et jusqu'où. Il se sent ainsi plus ou moins libre et il a de même plus ou moins peur.

Si par rigidité, par principe, pour son « bien », par peur qu'il lui arrive quelque chose ou pour garder inconsciemment un pouvoir sur lui, les parents ne laissent pas l'enfant exprimer suffisamment ce besoin, ce dernier s'angoisse et se crée des peurs. On voit bien ce que produisent des parents très inhibiteurs et/ou très inhibés parfois eux-mêmes : ils empêchent, entravent, ôtent des possibilités et mettent des barrières derrière lesquelles l'enfant a ensuite une forte tendance à demeurer.

L'enfant a cette même impression s'il ne peut pas s'exprimer tel qu'il est vraiment, dans ses potentialités, sa personnalité, dans *sa puissance à lui* de vie.

Enfin, un handicap physique, définitif ou ponctuel, peut également donner à l'enfant le sentiment et nourrir l'angoisse de ne pas *pouvoir* vivre ni s'exprimer pleinement.

▸▸▸ LA PEUR DE SE LANCER

Situation présente

Caroline, vingt-neuf ans, a peur de se lancer dans sa vie d'adulte tant affectivement que professionnellement. Elle ne sait pas ce dont elle est – au sens réel du terme – capable, ce qu'elle « peut » faire. Elle se sent complètement perdue, ne pouvant ni avancer ni reculer, même si elle est parfois tentée de retourner vivre chez ses parents, d'autant qu'avec un statut précaire, elle n'est pas vraiment à l'aise financièrement.

Bien que très intelligente, munie d'un bon diplôme et dotée de beaucoup de potentiel et de lucidité, Caroline vivote un peu comme une éternelle étudiante qui, pour reprendre ses termes, « pourra quand elle sera grande créer une famille et avoir un vrai job ». Totalement angoissée, elle pâtit de sa situation et de ses contradictions et ne comprend pas ce qui la retient. Ses deux frères, dont l'un a fait le choix de partir vivre à l'étranger, ont eux aussi des difficultés.

Le passé

Les parents de Caroline se sont toujours montrés normatifs avec une notion bien arrêtée du bien et du mal, ne communiquant pour ainsi dire pas avec leurs enfants. Même toute jeune, Caroline a toujours eu peur de s'exprimer, d'exprimer ce qu'elle était, pensant constamment que son « désir » serait de toute façon soit impossible à réaliser, soit non entendu, en tout cas contrarié.

Se présentant comme des adultes sans faille, dans une parfaite maîtrise de tout, ayant réponse à tout, étant parfaits ou presque en tout, ses parents retirent sans le savoir à Caroline, dès sa petite enfance, l'envie et le plaisir d'expérimenter quoi que ce soit dans la mesure où toute tentative risque de paraître ridicule et où surtout il faut tout réussir, être aussi grand que les grands. Cette attitude, cette injonction même de ses parents lui enlèvent toute possibilité d'exploration que de toute manière elle vit non pas comme un plaisir ni comme une expérience mais comme un véritable défi dont elle doit impérativement sortir totalement puissante et victorieuse.

De plus, ses parents se présentant en quelque sorte comme des références absolues, il est presque impossible de tenter quoi que ce soit de différent des modèles qu'ils proposent ou plutôt imposent. Ainsi, Caroline est probablement découragée dans ses initiatives et ses élans en permanence, quoi qu'elle ait envie de tenter.

En outre, il existe notamment chez son père de par son éducation une énorme impasse sur la sexualité en particulier et le plaisir en général, ce qui n'arrange rien. Dans l'esprit de cet homme, on est sur terre essentiellement pour tendre au moins à la perfection ! Caroline a donc eu très peu de champ, très peu d'espace pour expérimenter, tester qui plus est avec plaisir, ses désirs, sa puissance.

En fait…

Bien qu'ayant beaucoup de potentiel, Caroline est par conséquent complètement timorée. Elle n'ose se lancer dans rien et reste un peu comme un petit enfant incapable de vivre en dehors de ses parents et de leur cadre si rassurant et si étouffant à la fois, incapable de faire ses propres pas.

Ayant inévitablement l'impression que les autres – son ami, ses parents, sa responsable – l'empêchent de faire ce qu'elle veut, d'être ce qu'elle est, elle leur en veut autant qu'elle s'en veut à elle-même de ne pas encore oser se lancer.

▶▶▶ LA PEUR DE TOUT RATER

Situation présente

Stanislas a peur de tout rater. Quoi qu'il entreprenne aux plans personnel ou professionnel, qu'il s'agisse de choses importantes ou minimes : proposer une séance de cinéma, préparer une réunion, réussir un voyage, profiter de son week-end, trouver sa voie professionnelle ; tout est angoissant pour lui.

Le passé

Il faut dire que ses parents ne l'ont guère aidé à prendre confiance dans son potentiel. Plutôt inhibés eux-mêmes, frileux dans la vie, ayant peu de relations avec l'extérieur, vivant dans un cadre strict et une sempiternelle routine, ils favorisaient peu les expériences quelles qu'elles soient : physiques, sportives, relationnelles, artistiques…

Ils sont professeurs tous les deux, et Stanislas a grandi dans la notion permanente du devoir.

Excessivement protectrice, sa mère l'a dirigé, l'a éduqué et l'a surveillé énormément. Distant, très replié sur lui-même, son père passait la majeure partie de son temps enfermé dans son bureau avec ses livres. En ce sens, il n'était ni un soutien ni un partenaire pour aider Stanislas dans l'exploration de sa vie.

En outre, vers l'âge de sept ans, Stanislas est tombé malade et a manqué l'école pendant plus d'un an. Sa mère lui a alors interdit d'autant plus certaines activités. Il n'a en effet pas pu faire du sport comme ses camarades par exemple ou partir en randonnées. Il devait se reposer, faire sa rééducation. Plus que d'exploration, sa vie d'enfant était faite d'efforts à fournir.

En fait…

Aujourd'hui, Stanislas a toujours peur de ne pas réussir ce qu'il désire faire, peur de ne pas pouvoir, de ne pas être à la hauteur et d'échouer dans tout ce qu'il entreprend. Il n'a aucune confiance dans ses propres forces, dans sa puissance personnelle que pour différentes raisons il n'a pu expérimenter.

▶▶▶ JEAN-PAUL (SUITE) OU LA PEUR DE VIVRE

Situation présente

Ayant lui aussi été marqué par sa maladie – comme nous l'avons vu –, Jean-Paul a peur de tout, de tout ce qui peut arriver de dangereux et qu'on ne peut pas contrôler. Parce qu'il a été si gravement malade, il a gardé dans son corps non seulement la mémoire d'être en danger, mais aussi celle de ne « pas pouvoir », d'être impuissant en quelque sorte, immobilisé, arrêté, celle de subir.

S'étant trouvé dans cette situation avant même d'avoir pu expérimenter sa puissance, il est non seulement davantage marqué par son « impuissance » que par sa « puissance », mais également, ayant associé la vie elle-même à un danger – et l'on peut dire à un danger de mort –, la vie lui fait paradoxalement craindre simultanément la mort.

Du coup, parallèlement à l'expérience traumatisante de son « impuissance », il a gardé la peur de vivre sa puissance, puisque la vie en elle-même est devenue pour lui synonyme de mort potentielle.

Ainsi, Jean-Paul a peur non seulement de la vie mais aussi de vivre, c'est-à-dire de ressentir la vie dans son corps, dans sa tête. Par association, il y a pour lui danger immédiat et de ce fait il s'empêche de tout : de vivre une histoire avec une femme, de choisir la voie professionnelle qui lui plaît vraiment et dans laquelle il pourrait « s'éclater ».

L'exemple de Jean-Paul représente le cas extrême de la puissance coupée à la base, à la racine, puisqu'il s'agit ici d'une mort possible.

À l'origine de l'angoisse d'« impuissance »

- Parents inhibiteurs, castrateurs, normatifs
- Parents inhibés
- Maladies, accidents précoces
- Handicap

Principales peurs de fond

- Peur de ne pas pouvoir
- Peur d'être empêché
- Peur de ne pas avoir le droit
- Peur de représailles, de punition
- Peur d'un danger

Principales « peurs écran » ou « peurs symptôme »

- Peur de se lancer
- Peur de se réaliser
- Peur d'être soi-même
- Peur de s'affirmer
- Peur de se tromper
- Peur de ne pas être à la hauteur
- Peur de ne pas réussir

RÉCAPITULONS...

Indubitablement les angoisses primaires fondamentales – fusion, séparation, castration – ainsi que les besoins vitaux de base partiellement comblés ou assouvis – amour, sécurité, « puissance » – sont à l'origine des peurs les plus chevillées au corps et les plus profondes.

Chapitre 5

Les origines « secondaires »

Toujours l'enfance et la petite enfance

Les angoisses fondamentales non traversées et les besoins vitaux non comblés sont déterminants en ce qu'ils engendrent des peurs très profondes ou inversement une assurance, une confiance qui demeurent une base solide sur laquelle les éléments et le déroulement de la vie personnelle plus tardifs auront moins de prise. Et même si l'origine des peurs les plus profondes, celles qui sont rivées au corps, reste avant tout d'ordre primaire, ce déroulement plus tardif joue aussi un rôle dans la construction des peurs. On peut identifier plusieurs éléments :

- l'éducation reçue ;
- le milieu dans lequel l'enfant grandit ;
- le mode de relation que ses parents établissent avec lui ;
- le regard porté sur lui ;
- toutes sortes d'expériences et d'événements traumatisants, etc.

Si les besoins vitaux ont été en partie comblés et si les angoisses fondamentales se sont « résorbées » normalement, les peurs liées aux blessures que nous allons développer sont, même si elles peuvent être violentes et inhibitrices, moins profondes et d'une certaine manière relativement plus faciles à dépasser. C'est pourquoi j'ai appelé ces blessures « secondaires ».

Toutefois, si les « blessures secondaires » s'ajoutent aux « angoisses primaires » déjà existantes, les peurs sont d'autant plus puissantes.

Nous allons voir comment elles viennent alors résonner sur les angoisses primaires, notamment celles de non-amour, d'insécurité, d'« impuissance », et comment les peurs se renforcent et s'enracinent plus profondément encore.

L'éducation et le mode de relation parents-enfants

La manière dont un enfant est élevé, le mode de relation et notamment la communication établie ou non avec lui, sont des facteurs déterminants dans l'élaboration de certaines peurs, notamment :

- la peur de l'autorité ;
- la peur de la loi ;
- la peur du jugement ;
- la peur de déplaire ;
- la peur de décevoir ;
- la peur de s'affirmer ;
- la peur d'être soi-même.

Même si toutes les combinaisons existent, dans la mesure où chacune correspond à un fonctionnement particulier des parents et du milieu familial, on peut dire en simplifiant qu'il existe deux manières opposées d'éduquer un enfant, une fois encore avec toutes les déclinaisons et les nuances possibles.

Éducation basée essentiellement sur l'amour conditionnel du « on t'aimera si »	Éducation basée sur l'amour inconditionnel « on t'aime quoi que tu fasses, qui que tu sois »
Parent = autorité = enfant obéissant	Parent « guide » = enfant « accompagné »
Assez peu ou pas de dialogue	Dialogue
Modèles rigides	Existence de repères pour l'enfant mais également d'un espace de liberté et de créativité de ses propres modèles

Ces éducations « types » ont sur l'individu des conséquences la plupart du temps identiques.

Une éducation basée essentiellement sur l'amour conditionnel nourrit à la fois la peur de l'autorité et celle de ne pas être aimé ou de ne plus être aimé si on ne se conforme pas à ce que le parent attend, dans la mesure où l'enfant a « entendu » : « Je t'aimerai si tu fais ce que je te dis de faire, si tu "es" ce que je te demande d'être. » En effet, la peur de l'autorité sera d'autant plus forte que l'individu attribue à l'autre le pouvoir de l'aimer ou qu'il a déjà en amont la peur, l'angoisse de ne pas l'être !

Des enfants trop élevés dans un amour conditionnel ont plus fréquemment la peur de ne pas être aimés pour ce qu'ils sont ; ils ont donc davantage peur du jugement, de mal faire et de décevoir. Inversement, une éducation avec une bonne dose d'amour inconditionnel permet à l'individu d'exprimer ce qu'il est sans trop de peur, tout en se socialisant et en se pliant à certaines lois et règles.

L'importance de la communication

La communication, le dialogue, l'échange entre parents et enfants contribuent non seulement à développer la confiance que l'enfant peut avoir en l'autre mais également sa capacité à s'exprimer, à s'expliquer, à se positionner et donc à s'affirmer. Souvent, les personnes qui ont peur du conflit ou peur de s'affirmer sont des individus qui n'ont pas eu dans leur enfance ni dans leur adolescence l'expérience de la *communication*, base essentielle pour les relations futures que l'individu va instaurer et pour la manière dont il s'y positionnera.

Plus tard, quand l'enfant a grandi, que les parents expriment certains de leurs doutes, de leurs questionnements et de leurs limites contribue à ce que l'adolescent exprime les siens sans peur d'être jugé ni de décevoir.

Un mode de relation basé essentiellement sur l'autorité ne permettra à l'enfant ni de s'exprimer ni de prendre vraiment confiance en lui puisque sur cette base, la communication ne peut s'établir. Ceci explique cela. Ce n'est pas l'autorité en soi qui est néfaste, elle le devient si elle s'exerce à la place du dialogue.

D'autre part, il est évident qu'une éducation normative, rigide, dans laquelle il est laissé parfois, contrairement aux apparences, peu de place à la différence, où les modèles sont figés, uniques, où la notion de devoir est également très prégnante, renforce elle aussi la peur de l'autorité, celle de mal faire, celle également du pouvoir de l'autre et par voie de conséquence la peur de s'affirmer, d'être soi-même.

Naturellement, la forte personnalité d'un parent autoritaire ou dominateur renforce cette peur de l'autorité et du jugement ainsi que trop peu de place pour une vraie écoute, une attention réelle.

Le mode d'éducation dans lequel le rôle du père notamment est essentiel peut donc nourrir les peurs de l'autorité et de ne pas être aimé, apprécié tel que l'on est. Tout dépendra de l'équilibre atteint entre loi et amour, « autorité » et dialogue, modèle et droit à la différence. Il est évident que les peurs ainsi générées viendront plus ou moins directement résonner sur les sentiments antérieurs d'une part d'avoir été aimé ou non et d'autre part de pouvoir ou non exprimer sa puissance. La conjugaison des peurs peut alors devenir très néfaste !

La peur de l'autorité et de ne pas être apprécié, estimé tel que l'on est peut renforcer la peur de ne pas être aimable et/ou celle de ne pas pouvoir exprimer sa puissance.

▶▶▶ UNE PEUR PANIQUE DE L'AUTORITÉ

Le passé

Issu d'une famille traditionnelle de l'ouest de la France, Augustin a grandi avec ses huit frères et sœurs : éducation très stricte par un père juriste, froid, ayant très peu de temps à consacrer à sa nombreuse progéniture, et par une mère dont il dit qu'elle est plus austère que tendre et douce.

Depuis qu'il est adolescent, il rêve de s'affirmer tant au plan professionnel que personnel pour plaire à son père, mais aussi pour s'en démarquer et pouvoir vivre sa vie comme il l'entend.

Toutefois, dès l'adolescence, il choisit plus ou moins inconsciemment les études que son père désire qu'il fasse, il est sérieux, travaille beaucoup et s'amuse peu. Il réussit, sans grande joie ni satisfaction réelle. En âge de se marier, il choisit la femme que son père désire le voir épouser.

Situation présente

À quarante-quatre ans, plein de fantaisie et d'humour, Augustin ne se sent pas vraiment malheureux mais se trouve trop sage, trop raisonnable. Toujours en train de se justifier, il n'ose pas vraiment s'affirmer, ne donne jamais son opinion, cache ses vrais désirs et dans tous les domaines, il vit en deçà de ce qu'il souhaite vraiment. Aujourd'hui encore, chaque fois qu'il est sur le point de donner son opinion ou de réaliser, voire de formuler l'un de ses désirs – même minime – à son père, il panique.

En fait…

Élevé par des parents distants et autoritaires, sans aucune communication, avec de surcroît un modèle de réussite et de comportement extrêmement codé, Augustin rêve mais a peur dans la réalité de s'affirmer et d'assumer ses goûts, ses préférences, ses choix.

▸▸▸ TÉTANISÉ PAR LA TERREUR DU JUGEMENT

Le passé

Julien a des parents très brillants et cérébraux, dont l'un est professeur à l'université et l'autre directeur général de société. Communiquant très peu, ils sont particulièrement exigeants sur ses résultats scolaires et l'élèvent dans l'absolue nécessité de faire partie d'une élite et d'être au moins aussi bon qu'eux. Julien qui, enfant, admire d'autant plus ses parents qu'ils ne lui manifestent en dehors de ses études qu'assez peu d'intérêt, en tire la conclusion qu'ils savent tout et que quoi qu'il fasse, il restera en deçà de leurs attentes.

Situation présente

À trente-trois ans, il réussit très bien mais craint en permanence d'être jugé dans son travail et a toujours peur de rater ce qu'il entreprend.

Il se met dans des états d'angoisse et de stress pour tout et sa vie professionnelle est un vrai calvaire. Perpétuellement angoissé, culpabilisé, il a peur de ne pas « savoir ».

Il n'est absolument pas conscient de ses atouts et de ses acquis et se met toujours en situation de faire ses preuves ; il surinvestit le travail qui est pour lui le seul moyen possible de se faire reconnaître.

Aujourd'hui, Julien a l'impression de ne pas savoir vraiment après quoi il court.

▶▶▶ LA PEUR DE MAL FAIRE

Situation présente

Fanny a toujours peur de mal faire, surtout avec ses deux filles et son garçon. Elle aimerait qu'ils travaillent très bien à l'école, soient autonomes, bien dans leur peau, avec des désirs bien à eux. Dès que l'un de ses enfants rencontre une difficulté scolaire ou relationnelle, Fanny craint que ce ne soit de sa faute. Par ailleurs, elle est dans un stress permanent pour que tout soit organisé au mieux.

En fait...

Fanny a peur de ne pas être parfaite, de ne pas être une « bonne mère ». Par conséquent, elle met la pression à tout le monde ainsi qu'à elle-même. Tout, même ses relations avec ses enfants qu'elle adore et dont elle aimerait profiter d'autant qu'elle ne travaille pas, est basé sur le devoir, sur le « il faut ».

Figée dans un perpétuel jugement d'elle-même et cherchant en réalité à travers ses enfants à se rassurer sur le fait d'être une mère parfaite, Fanny a envers eux une très forte attente, une forte exigence. Elle devient à son tour angoissante pour eux, et chaque enfant résiste à sa manière, s'échappe et a du mal à être autonome. Cela augmente d'autant l'angoisse de Fanny dans un cercle vicieux négatif pour tous.

Le passé

Fille aînée avec une mère assez effacée et un père très sévère pour les études, strict, très peu démonstratif et angoissé lui-même pour son propre avenir et celui de ses enfants, doté par conséquent d'un fort besoin de réassurance à travers le succès de sa fille notamment, Fanny a toujours tout fait pour plaire à son père, pour le rassurer et également bien sûr pour être aimée de lui.

Absence de communication

Principales peurs de fond

- Peur de ne pas être aimé(e), apprécié(e)
- Peur du jugement
- Peur de mal faire
- Peur de ne pas convenir
- Peur de décevoir
- Peur de contrarier

.../...

Principales « peurs écran » ou « peurs symptôme »

- Peur de l'autorité
- Peur de demander
- Peur d'exprimer ses idées, ses opinions
- Peur du conflit
- Peur de dire non
- Peur de choisir

Le regard des parents sur soi

Le regard que les parents portent sur l'enfant joue énormément sur la confiance que ce dernier aura en lui, sur sa capacité à s'affirmer ou à l'inverse sur la peur qu'il développera de ne pas être à la hauteur ou sur celle d'être lui-même.

Au-delà de tout ce qui peut être fait ou dit par les parents, ce qui bien sûr a aussi toute son importance, trois qualités de regard porté sur l'enfant sont déterminantes : la *valorisation* de l'enfant pour ce qu'il est, la *confiance* que l'on a en lui et la capacité à ne pas l'infantiliser, *a fortiori* quand il grandit, c'est-à-dire la capacité à le regarder, quel que soit son âge, comme un *être autonome* et un adulte en devenir, en puissance.

La valorisation

On valorise un enfant quand on l'écoute, quand il a une place, quand on le reconnaît dans sa différence et pour ses qualités propres. Des parents, une famille qui ne valorisent pas, ne reconnaissent pas les qualités ou la personnalité d'un enfant créent inévitablement la peur de ne pas être « intéressant », à la hauteur...

Des parents trop exigeants portent également par défaut un regard dévalorisant sur l'enfant : « Ce n'est jamais assez bien », « Peut toujours mieux faire », « Ce serait mieux si... »

Ce regard plus ou moins valorisant porté sur l'enfant sera donc à l'origine de la peur de décevoir, de déplaire, de ne pas être accepté tel que l'on est, etc.

Inversement, la valorisation de l'enfant renforce bien évidemment l'estime de lui-même mais également son sentiment d'être aimé et la confiance dans sa *puissance* personnelle.

La confiance

La confiance que les parents et plus largement la famille ont dans l'enfant est elle aussi fondamentale. Il est bien connu que plus on fait confiance à un enfant – à un adulte aussi d'ailleurs – et plus on lui donne confiance.

Cette dernière dépend beaucoup de la confiance que les parents ont en eux-mêmes et de leur capacité à croire aux qualités propres de l'enfant et à ses atouts.

La non-infantilisation

Enfin, ne pas infantiliser l'enfant, en d'autres termes savoir regarder, voir en lui ce dont il est capable, lui laisser la place d'exprimer ses potentiels, sa personnalité – parfois cette *puissance* précédemment évoquée –, est également déterminant dans la confiance qu'il aura en lui.

Infantiliser quelqu'un nourrit sa peur de ne pas être à la hauteur, celle de se lancer, celle de grandir.

En effet, il est important de regarder l'enfant comme un adulte potentiel, *a fortiori* réel quand il l'est devenu, en tout cas de ne pas l'infantiliser en le surprotégeant par exemple.

> Les parents qui, même à leur insu, infantilisent un enfant par surprotection et/ou pour garder inconsciemment un pouvoir sur lui ou encore pour le maintenir dans une sorte de dépendance de manière à ce qu'il continue à avoir besoin d'eux – parce que ce sont eux qui en réalité ont « besoin » de lui – ne peuvent que l'inhiber.

Pour continuer à mettre à jour des liens, on voit ici comment la confiance en l'enfant et le fait de le regarder comme un « adulte » potentiel renforcent son sentiment et son envie de pouvoir exprimer sa *puissance* personnelle. L'inverse est vrai aussi.

LA PEUR D'ÊTRE SOI-MÊME

Le passé

Le père de Benoît n'a pas été vraiment valorisé lui-même. Issu d'une famille assez pauvre du nord de la France, orphelin très tôt et d'un caractère timide, il a dû se battre et se construire seul. Il s'est marié et est devenu petit à petit patron d'une PME.

Essentiellement tournés vers leur ascension sociale et matérielle, les parents de Benoît le gâtent beaucoup mais n'ont jamais vraiment le temps ni de faire attention à lui, ni de le regarder.

Valorisant ses résultats scolaires plus que lui-même – tout comme ils valorisent leur travail plus qu'eux-mêmes –, ils ne prennent pas en compte la personnalité de Benoît et notamment sa sensibilité, sa créativité qu'ils ont même plutôt tendance à dévaloriser dans la mesure où, d'après eux, « ce n'est pas ainsi que l'on gagne sa vie, ce n'est pas ainsi que l'on s'en sort dans la vie ».

Admirant beaucoup son père et n'osant ni le contredire, ni le contrarier, Benoît choisit donc de devenir ingénieur commercial, branche professionnelle qui ne lui convient pas vraiment.

Situation présente

Aujourd'hui, à trente-sept ans passés, il réussit assez bien mais ne se plaît pas du tout dans ce qu'il fait. Il s'y ennuie. Il a un autre projet qui le tente beaucoup plus : se lancer comme caricaturiste – il dessine très bien depuis l'âge de neuf ans et ne s'est jamais arrêté.

Toutefois, il a peur de prendre sa décision, peur de faire son choix. Il croit tout d'abord très modérément en ses qualités de dessinateur même s'il a eu maintes fois la preuve de son talent. De plus, il a du mal à envisager de réussir s'il ne suit pas le modèle de son père, quitte à se mettre comme il l'a fait jusqu'à présent dans des situations insatisfaisantes pour lui.

En fait…

Il est très clair que Benoît désire changer de voie mais qu'il a peur d'une part de se tromper, et d'autre part de décevoir son père. Il a peur d'être lui-même.

LA PEUR DE GRANDIR

Le passé

Avec un père médecin, fortuné, généreux et très protecteur, une mère présente, disponible et dépendant beaucoup de son mari, Laurène, très protégée dans tous les sens du terme, a tout pour avoir été infantilisée. Aimée (trop), très gâtée, avec des parents qui sont toujours venus au-devant de ses désirs, elle n'a jamais eu à se « battre », à se confronter.

Par ailleurs, sa mère, très angoissée, n'a aucune confiance en elle-même et ne transmet pas à Laurène la confiance dont elle aurait besoin pour commencer à voler de ses propres ailes.

Situation présente

Ainsi Laurène, jeune médecin elle-même, retarde le moment de commencer à exercer son métier. Elle a presque envie de tout arrêter et dit douter de sa « vocation ». Tellement habituée à être protégée, elle est perdue et angoissée à l'idée de devoir prendre ses responsabilités, d'autant plus compte tenu de son métier. Elle a le sentiment de ne pas savoir, de ne pas pouvoir faire comme ses collègues, comme les autres médecins, qu'elle n'est pas assez « grande ».

À vingt-huit ans, elle est fiancée mais ne se décide pas non plus à se marier, projetant sur son compagnon son propre manque de confiance.

En fait...

Consciente aujourd'hui d'être un peu étouffée par sa famille qui continue à la regarder et à la traiter comme une enfant, elle a du mal à renoncer à cette protection dont elle profite par ailleurs, notamment matériellement.

Elle a en fait peur de grandir.

Éducation et mode de relation parents/enfant

Principales peurs de fond

- Peur de ne pas être à la hauteur
- Peur de ne pas être capable
- Peur de ne pas savoir

.../...

Principales « peurs écran » ou « peurs symptôme »

- Peur de s'affirmer
- Peur d'être soi-même
- Peur de se lancer
- Peur de se tromper
- Peur de choisir

Les événements et vécus douloureux

Nous avons vu que certains événements – maladie grave de soi ou d'un parent proche, séparation précoce quelle qu'en soit la cause, drame familial, rejet, etc. – pouvaient être à l'origine de peurs profondes, « primaires » : la peur de ne pas être aimé, celle de l'insécurité vitale et celle de ne pas pouvoir exprimer sa *puissance*.

Quand des événements ou des vécus traumatisants de même nature (voire moins graves) se produisent après la toute première enfance, plus tardivement dans la vie de l'individu, ils génèrent les mêmes peurs d'insécurité, d'abandon, etc. mais à des degrés moindres.

En effet, s'il n'existe pas de peur de base préexistante, l'enfant ou l'adolescent – et *a fortiori* l'adulte – a déjà des assises, a acquis des repères et des références qui lui permettent plus facilement soit de compenser, soit de relativiser ou simplement d'avoir davantage conscience qu'il a lui-même ou bien que ses parents ont les moyens ou des moyens pour réagir, lutter, réparer, adoucir.

Les peurs, alors beaucoup plus circonstanciées, font moins de dégâts dans la mesure où elles sont moins archaïques, moins ancrées. Il est donc plus facile, une fois l'origine conscientisée, de prendre le recul, de « raisonner », de se rassurer.

Il est évident que plus des événements – même graves – ou des vécus très douloureux se produisent tard dans la vie, moins ils créeront à proprement parler des peurs, surtout si les bases sont solides.

Toutefois, ces événements ou vécus plus tardifs peuvent résonner sur des peurs profondes, primaires : une faillite familiale résonnant sur le souvenir d'une maladie dans la petite enfance aggrave et réactive la peur de l'insécurité ; un accident même banal mais immobilisant réactive une angoisse de castration ; un divorce aggrave ou réactive une peur du rejet, etc.

Il en va de même pour des événements « mineurs » ; je ne fais pas ici allusion à l'impact toujours subjectif que tel ou tel événement aura sur l'individu mais à leur nature, tant en termes de danger réel et objectif que d'intensité probable quant à leurs conséquences psychologiques.

Parfois, certains faits qui sautent aux yeux pour quelqu'un d'extérieur effleurent à peine la conscience de l'individu concerné.

L'individu oublie souvent, il « y » pense mais sans accorder à cet événement l'importance qu'en réalité il a (eu) pour lui.

Les événements « traumatisants »

Comme événement « majeur », citons :

- l'exil ;
- une faillite ;
- un accident ;
- une maladie ;
- une rupture grave, etc.

Pour l'enfant, surtout encore très jeune, ces événements résonnent dans tous les cas sur les angoisses fondamentales de base, d'une part parce qu'il n'est pas encore suffisamment construit et d'autre part parce que la mémoire de ces angoisses, même si elles ne se sont pas transformées en peurs, est malgré tout encore présente, prégnante.

Comme événement « mineur », citons :

- des déménagements à répétition ;
- une maladie plus bénigne ;
- un échec scolaire ;
- plus tardivement, une déception amoureuse, etc.

De tels événements sont *a priori* eux aussi à l'origine d'une peur plus limitée ou plutôt d'une appréhension éventuelle de leur répétition, mais ils ne sont à proprement parler à l'origine de peurs que s'ils entrent en résonance avec d'autres peurs déjà installées.

Prenons l'exemple d'un échec scolaire : il ne dégénère en peur de l'échec que s'il existe derrière la peur de ne pas être aimé, de décevoir, la peur de l'autorité et/ou celle de la sanction. De même, si nous prenons l'exemple de la déception amoureuse, elle ne dégénère en peur de rester seul ou de n'être jamais aimé que si ces mêmes peurs préexistent.

Événements traumatisants

Principales peurs consécutives

- Peur de la rupture
- Peur des catastrophes
- Peur de la trahison
- Peur de manquer
- Peur de partir
- Peur de l'échec
- Peur d'être déçu(e)

▶ ▶ ▶ CECILIA (SUITE) : DE L'ANGOISSE DE LA SÉPARATION À LA PEUR DES SÉPARATIONS

Le passé

Si nous reprenons en la poursuivant l'histoire de Cecilia, il est certain qu'au-delà de l'événement initial – le décès de sa mère à sa naissance – qui bien évidemment crée en lui-même sa peur de la séparation, tous les autres événements – séparation d'avec son père, d'avec sa tante, d'avec son pays de naissance – sont en quelque sorte secondaires, non dans leur importance mais dans leur chronologie : ils n'ont fait qu'accroître, qu'enraciner cette peur.

Situation présente

Cette peur est tellement forte chez Cecilia qu'au début de notre travail – elle ne me le dira qu'après –, elle éprouve chaque fois que l'on se quitte un pincement au cœur et la peur secrète de ne pas me revoir.

En fait...

La succession des séparations, outre leur difficulté propre, ne fait chaque fois que raviver la première.

▸▸▸ LA PEUR DE MANQUER D'ARGENT

Le passé

Les parents de Sylvain sont de petits industriels qui ont très bien réussi. Suite à une erreur stratégique et à la cessation de paiement d'un de leurs plus gros clients, ils font faillite.

Sylvain, encore enfant et jusque-là élevé dans une extrême aisance, se voit donc obligé de quitter la belle maison familiale. Il voit le train de vie de ses parents réduire et devient petit à petit le témoin de disputes régulières dans le couple et de tensions familiales qui se terminent par un divorce.

Situation présente

Aujourd'hui directeur commercial, absolument pas menacé de perdre son emploi, il craint toutefois toujours d'être licencié. Très carriériste, très arriviste même, Sylvain travaille énormément et voit en permanence ses homologues comme des rivaux, des menaces, ce qui d'ailleurs lui pose problème dans la mesure où n'ayant pas du tout l'esprit d'équipe, il se fait beaucoup d'ennemis.

Parallèlement, et ce depuis plusieurs années, il a conscience qu'il serait bon pour lui de changer dans sa société, ne serait-ce que pour avoir une promotion et continuer d'évoluer, ce qui le tente fortement. En même temps, il est bloqué parce qu'il a peur de perdre sa sécurité actuelle. Il craint malgré tout que ce ne soit trop tôt ou pas vraiment le moment, il craint de lâcher la proie pour l'ombre. Mais le jour suivant, il se dit que s'il attend, il risque de perdre des opportunités.

En fait...

Sylvain a beau n'avoir que très peu de raisons de s'inquiéter pour son avenir et la sécurité de sa famille déjà bien stabilisée, il a beau d'ailleurs lui-même se raisonner à ce sujet, il cherche néanmoins à pallier toutes les insécurités possibles. Il a effectivement gardé de la faillite de ses parents et de ses conséquences des traces presque indélébiles et surtout cette peur de venir à manquer d'argent, peur que rien ne peut venir combler.

▸▸▸ LA PEUR DE L'ÉCHEC

Le passé

Bien davantage que son frère aîné, Pierre est très doué pour les études. Après son baccalauréat, son père le pousse vers des classes préparatoires en espérant le voir intégrer une grande école. Pierre fait Math sup et Math spé, puis il échoue aux concours d'entrée des écoles les plus prestigieuses. Ni lui ni son père ne comprennent alors ce qui s'est passé.

Pierre échoue d'une part parce que cette filière ne lui plaît pas vraiment et d'autre part parce qu'il s'oppose ainsi inconsciemment aux désirs de son père, qui est en réalité un véritable tyran avec tous les membres de sa famille. Toutefois, il ne saisit pas à cette époque ses raisons cachées et vit cruellement son échec, d'autant qu'il a bien évidemment toujours souhaité plaire à son père et qu'il est bien conscient de le décevoir énormément.

De plus, jusque-là habitué à tout réussir facilement et très orgueilleux lui-même, Pierre ne tolère pas cet échec et en garde une peur : celle de l'échec et surtout derrière celle de décevoir, de déplaire, de (se) décevoir.

Situation présente

Aujourd'hui, Pierre réussit très bien professionnellement et socialement et est tout à fait reconnu par ses pairs, mais cela ne lui ôte pas sa peur de l'échec.

Chaque fois qu'il prend un nouveau poste, il est dans des états de stress et d'angoisse terribles. Il fait par ailleurs des compétitions de tennis et alors qu'il pourrait s'y amuser, y prendre plaisir, elles sont pour lui une source d'éprouvante angoisse.

En fait…

Pierre a d'autant plus peur de l'échec encore aujourd'hui qu'il cherche toujours par sa réussite, ses réussites, à plaire à son père, à ne pas le décevoir. En effet, son échec scolaire le poursuit de toute évidence d'autant plus qu'il n'a toujours pas réglé sa quête de reconnaissance par son père. Toujours dans l'attente de sa reconnaissance et de celle des autres en général, il ne réussit pas encore à formuler ses véritables désirs professionnels, dans lesquels il se « reconnaîtrait » alors enfin lui-même.

Si Pierre se reconnaissait lui-même en cessant de chercher à plaire à ce père qui lui a par ailleurs donné si peu de signes d'amour et de reconnaissance, il « oublierait » son ancien échec scolaire dont la mémoire est d'autant plus cuisante qu'elle est liée à sa peur de le décevoir et de ne pas être reconnu par lui ; il se libérerait ainsi de sa peur de l'échec.

Les vécus douloureux

Parallèlement aux événements traumatisants et tout comme eux de manière plus tardive dans la vie de l'enfant, des souffrances ressenties, vécues de manière continue, latente, récurrente jouent de la même façon sur la construction d'une peur. Citons :

- la préférence des parents pour un frère, une sœur ;
- avoir été soi-même ou sa propre famille l'objet d'une discrimination, d'un rejet ;
- avoir été le témoin de situations conflictuelles :
  - une mauvaise entente des parents,
  - des tensions et des conflits familiaux permanents,
  - des problèmes d'argent à répétition ;
- ne jamais s'être senti écouté, compris, entendu ;
- ne pas avoir eu de place ;
- s'être senti humilié, etc.

Avoir eu à vivre, sur la durée ou de façon répétée, des situations douloureuses et inconfortables pour soi induit inévitablement la crainte d'avoir à les vivre à nouveau. De plus, cela peut également laisser à penser que l'on mérite ledit traitement et donc générer une autre peur.

Si par exemple je suis l'objet d'un rejet, d'une non-attention, j'ai à la fois peur d'être à nouveau rejeté mais je peux en déduire de plus, si je ne suis pas encore construit, armé, que je ne mérite ni l'intérêt ni l'attention de l'autre et par conséquent que je ne suis ni aimable ni intéressant, avec la peur corollaire de n'être pas aimable, de n'être pas intéressant, etc.

Ces états de souffrance produisent eux aussi soit des peurs spécifiques liées à la situation vécue, soit un renforcement de peurs préexistantes.

▸▸▸ LA PEUR DE VIVRE EN COUPLE

Le passé

Pendant des années, Antoine a été le témoin de disputes entre ses parents, de rapports de force permanents, de crises régulières. Il fallait toujours que l'un domine l'autre. Très sensible, aimant également ses deux parents, il a beaucoup souffert et payé les pots cassés : mauvaise ambiance, annulation de projets, déménagement, agressivité de sa mère quand elle était trop frustrée, angoisse de son petit frère, etc.

Aujourd'hui, son père s'est retranché dans un cynisme constant et sa mère a fini par se protéger en entretenant une forme de suractivité.

Situation présente

Depuis quelque temps, Antoine entretient une relation avec une jeune femme. Il s'entend globalement très bien avec elle mais ne se résout pas à vivre avec elle. Depuis le début, il avance dans cette relation avec une prudence extrême. Plusieurs fois, il a failli quitter son amie quand, ne comprenant pas son attitude, elle lui a fait des scènes sur ses réserves sans fin.

En fait…

Il est évident que le modèle ou l'exemple de ses parents et ce qui lui a été donné à vivre ne l'encouragent pas vraiment à se lancer dans une vie de couple installé. De plus, élevé d'une façon relativement autoritaire, il ne se donne pas non plus la latitude suffisante pour imaginer son couple selon ce qu'il a lui envie de vivre et de construire.

Comme il aime son amie, il a précisément peur de tout gâcher en s'installant avec elle. Il a peur que la vie de couple devienne un « enfer » pour l'un comme pour l'autre et veut à tout prix éviter cela.

▶▶▶ IRÈNE (SUITE) OU LA PEUR DE NE PAS ÊTRE « ENTENDUE »

Le passé

La mère d'Irène, malheureuse d'avoir été abandonnée par son amant et se retrouvant seule pour élever sa fille, est d'une part assez dure et de l'autre très occupée. Elle en veut un peu à Irène, comme si cette dernière était d'une certaine manière à l'origine de ce départ, et la délaisse. Au-delà de la nourriture et des soins corporels qu'elle lui prodigue, elle s'occupe peu d'elle, lui parle peu.

Compte tenu de son histoire, Irène est une enfant très angoissée et particulièrement curieuse qui pose beaucoup de questions auxquelles on ne répond jamais. Elle cesse toutefois un jour d'en poser. Sentant que sa mère n'est pas heureuse, elle se fait toute petite et essaie toujours de l'aider comme elle peut.

Quand elle grandit, elle a comme tous les enfants des envies qu'elle ose exprimer une fois ou deux. Mais sa mère ne l'entend pas. Quand elle a des moments de trop forte angoisse ou de solitude, elle essaie de se rapprocher de cette dernière, d'envoyer des signaux… en vain.

Arrive un moment où Irène, au-delà des seuls échanges pratiques et fonctionnels du quotidien, n'ose plus du tout parler d'elle à sa mère mais espère encore tout bas que peut-être son silence sera entendu. Il n'en est rien : sa mère l'ignore.

Situation présente

Aujourd'hui mère de famille elle-même, insérée dans une vie sociale et professionnelle, Irène a toujours peur de ne pas être entendue quant à ses désirs, à ce qui la touche, à ses droits. Elle craint particulièrement au moment de son divorce de ne pas obtenir ce à quoi elle a droit, elle craint que son avocat ne la comprenne pas, ne la « défende » pas vraiment.

Dans son travail, elle est toujours étonnée quand on tient compte de ses idées, de certains de ses souhaits aussi.

En fait...

Elle est évidemment très touchée quand elle se sent comprise, entendue et même simplement quand quelqu'un écoute ce qu'elle dit.

▸▸▸ LA PEUR OBSESSIONNELLE D'ÊTRE TROMPÉE

Situation présente

Armelle est très angoissée. Elle n'a absolument aucune confiance en elle avec la peur obsessionnelle d'être trompée. La raison en est simple : son père a toujours trompé sa mère.

Aujourd'hui, Armelle vit avec un homme qui aime sa liberté, qui aime sortir seul parfois mais qui lui est tout à fait fidèle et qui le lui prouve au fil des années. Toutefois, elle entre dans des angoisses et des crises terribles quand il rentre un peu tard, surtout s'il ne la prévient pas.

Au-delà de son besoin, qu'on peut penser légitime, d'être prévenue et de savoir à peu près à quelle heure son compagnon va rentrer, elle a bien conscience elle-même de se mettre dans des états qui n'ont aucune commune mesure avec la réalité de ce qu'elle vit. Évidemment, elle craint toujours qu'il la trompe. Même quand ils sortent ensemble et qu'il parle avec une jeune femme amie ou qui leur est présentée, elle se ferme aussitôt, fait la tête, gâche la soirée, peut même aller jusqu'à insulter la femme en question et/ou son ami.

Amoureuse, elle craint que ce comportement dont elle souffre elle-même énormément éloigne d'elle son compagnon. De plus, une fois encore, elle a parfaitement conscience que ses réactions, ses angoisses sont exagérées.

En fait…

De toute évidence, Armelle ne peut guère être rassurée par les hommes compte tenu de l'attitude de son père vis-à-vis de sa mère. Elle ne peut avoir confiance en elle en tant que femme quand elle a vu durant toute son enfance et sa jeunesse sa mère pleurer, soumise et humiliée, la menaçant toujours elle et ses sœurs de se suicider, parce que leur père la trompait !

C'est l'histoire de sa mère, qu'elle a partagée pendant des années mais qui n'est pas la sienne, qui met Armelle dans cet état de fragilité.

Les vécus douloureux

Principales peurs consécutives

- Peur de s'imposer
- Peur de ne pas être écouté(e), entendu(e)
- Peur du ridicule
- Peur des conflits
- Peur de la comparaison
- Peur de l'humiliation

Les complexes

En fonction de son origine sociale, de son milieu familial, de ses caractéristiques physiques, intellectuelles et d'échecs passés, l'individu peut bien sûr développer des complexes. Il peut s'agir d'un *complexe « simple »* lié à une caractéristique précise, d'un *complexe* plus global *d'infériorité* ou d'un *complexe de supériorité* qui est aussi à l'origine de certaines peurs.

Le point de départ du complexe ne réside pas dans une cause ou une situation d'infériorité manifeste mais dans la manière totalement subjective dont le sujet la vit, la réalise.

Du « simple » complexe...

Avoir un handicap physique ou tout simplement être différent des autres de quelque manière que ce soit peut générer chez l'enfant comme chez l'adulte un complexe. Ne pas pouvoir pratiquer, expérimenter, vivre, acheter quelque chose quand ceux de son âge et/ou de son milieu le pratiquent, l'expérimentent, le vivent, l'achètent peut créer un complexe. Quand on est enfant, notamment pour les garçons, ne pas pouvoir faire de sport par exemple à un moment où tous les camarades en font peut créer un complexe.

Même une différence en positif peut générer un complexe, en tout cas celui de ne pas être comme les autres.

Ces complexes, ce sentiment sur un point précis de ne pas être, de ne pas faire comme les autres peut rester un complexe « simple » mais peut également dégénérer en complexe d'infériorité. C'est fréquemment le cas, notamment si la différence est d'importance et/ou si le sujet doute par ailleurs de l'« amour » de ses parents pour lui.

... au complexe d'infériorité

Par rapport au complexe « simple », le complexe d'infériorité consiste à déduire de ce dernier ou à croire quelle que soit la caractéristique en jeu que l'on est inférieur à l'autre, aux autres ; c'est tirer la conclusion, quelle qu'en soit la raison, que l'on est inférieur.

Pour Alfred Adler : « Le sentiment d'infériorité se trouve chez les sujets atteints d'une infériorité organique, aussi bien que chez ceux qui souffrent de leur position sociale ou économique. L'enfant face à l'omniscience et à la toute-puissance de l'adulte présente également un sentiment d'infériorité. »

De fait, on peut développer un complexe d'infériorité sur différents terreaux ; c'est la raison pour laquelle, à bien y regarder, ce complexe est bien plus répandu qu'on ne pourrait le penser à première vue.

Bien entendu, si l'on est atteint dès la naissance ou l'enfance d'un handicap physique, qu'il soit visible ou non, il est fort probable qu'il sera à l'origine d'un complexe d'infériorité. J'ai ainsi le souvenir d'une femme qui avait un énorme angiome sur une cuisse. Elle portait toujours des pantalons pour cette raison, et personne à part ses proches ne pouvait connaître ce qui était pour elle un véritable problème. En effet, cette femme avait un tel complexe qu'elle se pensait nulle sur tous les plans, qu'elle n'avait aucune confiance en elle et qu'elle subissait de ce fait des situations totalement néfastes et destructrices, certaine de ne pas mériter mieux. On peut également développer un complexe d'infériorité :

- Dès que s'exerce une comparaison à son détriment, une rivalité en sa défaveur ou en tout cas vécue comme telle par rapport à un frère, une sœur, des camarades de classe.
- Quand les autres font croire au sujet qu'il est inférieur : une fratrie, un père, un milieu tyrannique et dominateur créent chez l'autre, en se posant comme supérieur, un complexe d'infériorité.
- Quand un individu dans un milieu donné, dans sa propre famille, n'est ni reconnu, ni valorisé pour ce qu'il est ; c'est souvent le cas quand quelqu'un n'est pas dans le moule, ne répond pas aux normes. Si je ne suis pas valorisé ou reconnu pour ce que je suis c'est que les autres valent mieux que moi, surtout s'ils se posent de surcroît en individus supérieurs.
- Suite à un échec scolaire ou à un échec à un examen, un concours auquel l'enfant souhaitait être admis ou auquel les parents souhaitaient qu'il soit admis.
- Quand l'individu ne répond pas à certaines exigences, à certaines attentes de sa famille notamment en termes de réussite ; il se sent alors, quoi qu'il fasse, en dessous de ces attentes, « inférieur » et en l'occurrence inférieur aussi à ceux qui les ont à son égard, puisqu'ils les ont.
- Quand l'individu est issu d'un milieu moins valorisé socialement, il en tire souvent un sentiment d'infériorité, surtout si des personnes du milieu social plus reconnu lui ont fait sentir – notamment dans l'enfance – qu'elles étaient en position de force, de domination.
- Quand on est différent et/ou que l'on n'appartient pas au groupe social dominant quel qu'il soit.

Vis-à-vis du parent

La *rivalité* en sa défaveur peut également, comme l'évoque Alfred Adler, être vécue vis-à-vis du parent. Quoi qu'il en soit, c'est déjà le cas par rapport au parent du même sexe dans la mesure où il est évident qu'à un certain âge, le petit garçon ou la petite fille est plus ou moins en rivalité avec lui pour « conquérir » l'autre (c'est le fameux complexe d'Œdipe), en tout cas pour s'affirmer en tant qu'être sexué.

Bien évidemment, le résultat à cette époque est rarement en sa faveur ! En général, une fois cet épisode passé, il ne doit pas générer de complexe d'infériorité puisqu'il s'agit d'un « passage » normal et même constructif pour que l'enfant se tourne vers un autre « objet de désir » et/ou qu'il prenne confiance en lui.

Il suffit que le père ou la mère soit un « séducteur » dans l'âme et/ou dans le comportement, qu'il ait de fait une vie de séducteur ou bien encore qu'il soit lui-même en rivalité avec son fils ou sa fille parce qu'il n'a pas suffisamment grandi pour que l'enfant se sente d'autant plus en infériorité.

En effet, certains parents un peu immatures, incomplètement construits dans leur identité d'homme ou de femme, se posent parfois tels des adolescents en rivalité et dans la séduction – au sens large du terme – avec leurs propres enfants : force ou aspect physique, exploit sportif, jeunesse, brillance intellectuelle...

Par ailleurs, une fois encore, un parent très dominateur et/ou à forte personnalité, voire très brillant intellectuellement ou avec un passé « héroïque », peut *a fortiori* créer une rivalité vécue presque d'avance par l'enfant en sa défaveur.

Si de surcroît ce même parent est exigeant ou bien encore ne montre jamais ses fragilités et se pose toujours en quelque sorte en personnage « tout-puissant », il y a fort à parier que l'enfant, malgré ses talents et ses atouts propres, développera un complexe d'infériorité.

Le complexe d'infériorité génère bien sûr la peur de ne pas être à la hauteur, de ne pas plaire, de mal faire, de l'échec, du rejet et de ne pas être reconnu.

Complexe d'infériorité et angoisses primaires

De toute évidence, le complexe d'infériorité alimente – si elles préexistent – la *peur de ne pas être aimé* ou apprécié, la *peur de l'insécurité* et la *peur de ne pas pouvoir exprimer sa puissance.*

En effet, on craint davantage de ne pas être aimé si on ne se sent pas à la hauteur et inférieur aux autres ; on se sent aussi forcément plus insécurisé puisque rejeté, avec parfois des conséquences économiques et matérielles objectives.

Si l'individu éprouve déjà une peur de l'insécurité, il aura d'autant plus besoin d'intégration et d'estime puisque ces deux notions sont toujours liées directement ou indirectement à une plus grande sécurité, tant matérielle qu'affective. Il sera donc d'autant plus sensible au regard des autres sur lui et à l'image qu'il leur donne, s'exposant ainsi davantage au développement d'un tel complexe.

Enfin, on peut craindre davantage de ne pas pouvoir exprimer sa *puissance* puisque *a priori*, quand on a un complexe d'infériorité, on a davantage tendance à s'effacer, à se soumettre, à oublier de défendre ses intérêts.

▶▶▶ LA PEUR DE NE PAS ÊTRE PRISE AU SÉRIEUX

Situation présente

Lucie est une toute jeune avocate. D'une taille inférieure à la moyenne, il est vrai, très menue, elle a davantage la silhouette d'une jeune fille de douze ou treize ans que celle d'une femme de vingt-sept ans, son âge réel. Naturellement, bien que très jolie de visage et parfaitement proportionnée, elle en fait un complexe.

Elle a peur de ne pas être prise au sérieux notamment dans sa profession et elle est presque prête, alors qu'elle vient de prêter serment et qu'elle travaille déjà chez un avocat de renom, à tout abandonner, à tout remettre en question.

Cette profession lui convient parfaitement et la motive beaucoup mais elle craint de ne pas être à la hauteur.

En fait…

Il faut dire que depuis l'époque où toutes ses camarades de lycée ont grandi, Lucie a conservé d'elle-même cette image de petite fille alors qu'elle est par ailleurs parfaitement mature au plan psychoaffectif.

Pour les mêmes raisons, elle craint le regard des hommes et a peur de ne pas être prise pour ce qu'elle est en réalité, à savoir une jeune femme de vingt-sept ans.

▸▸▸ LA PEUR DE NE JAMAIS ÊTRE ASSEZ BIEN

Le passé

Alexandre est issu d'un milieu polonais très modeste. Ses parents, qui n'ont pas fait d'études, ont dû lutter très fort pour pouvoir s'intégrer, qui plus est dans un milieu provincial.

Alexandre garde le souvenir d'avoir eu pendant sa scolarité des remarques fréquentes sur ses vêtements et même d'avoir une fois été rejeté par des parents dont le fils, un de ses bons camarades, l'avait invité à son anniversaire : quand Alexandre s'était présenté à leur porte, les parents ne l'avaient pas trouvé assez bien pour fréquenter leur fils ni passer le seuil de leur belle maison.

Étant asthmatique, assez gros, mal dans son corps, il n'a pas pu faire de sport comme ses camarades qui parfois se moquaient de lui méchamment.

Situation présente

Alexandre a aujourd'hui un poste d'ingénieur, métier qu'il exerce avec beaucoup de plaisir et de succès. À quarante et un ans il a conscience d'avoir largement le potentiel pour évoluer, ce qu'il souhaite d'un certain côté. Toutefois, il a toujours l'impression que les autres sont meilleurs que lui, qu'ils ont de meilleures idées, qu'ils parlent mieux.

Même s'il est en partie rassuré sur ses compétences, c'est toujours à propos de sa capacité à être apprécié, à avoir une valeur en tant que personne qu'il a des doutes. Ainsi, il a constamment peur de déplaire à ses collègues ainsi qu'aux femmes, et il est extrêmement étonné quand il se sait apprécié.

Que ce soit dans sa vie professionnelle ou personnelle, il se sent souvent tendu, agressé, sur la défensive et a tendance à se justifier, à s'excuser.

En fait...

Au-delà de toutes les preuves de sa valeur tant humaine que professionnelle que la vie a pu lui donner depuis son enfance, il a encore peur d'être moins bien que les autres, de n'être jamais assez bien pour les autres.

▸▸▸ LA PEUR DE SOI-MÊME

Le passé

Le père de Martin est le patriarche d'une famille bourgeoise classique, aisée et catholique. Bel homme, dirigeant d'entreprise, entreprenant, généreux, grand séducteur malgré sa morale, pilote automobile à ses heures perdues, sûr de lui, on peut dire qu'il exerce sa loi avec brio et aisance tant dans son entreprise que sur sa famille.

Situation présente

Devant un tel père, Martin, enfant déjà, était si complexé qu'il n'osait être lui-même. Se sentant par avance perdant, il a depuis longtemps capitulé et préfère dire qu'il n'a pas de personnalité, qu'il n'a rien à dire, qu'il n'est pas intéressant plutôt que d'avoir – même seulement dans l'idée – à se confronter à ce père ou à établir une comparaison.

En fait...

Dans son esprit, il ne peut que se comparer à son père, toujours finalement en sa propre défaveur.

Principales peurs liées au complexe d'infériorité

- Peur de ne pas être à la hauteur
- Peur de déplaire
- Peur de mal faire
- Peur du rejet
- Peur de l'autre

Le complexe de supériorité et la peur de ne pas être à la hauteur

On peut développer un autre complexe, celui de supériorité, soit parce que l'on est l'*enfant prodige* d'une famille et/ou que cette famille est socialement dominante, soit parce que l'on fait partie d'une *élite intellectuelle*.

Quand dans de tels contextes, des personnes développent un complexe de supériorité, elles peuvent aussi paradoxalement se trouver confrontées à la peur de ne pas être à la hauteur, en l'occurrence, des exigences de leur milieu, et/ou à la peur de devoir faire face à leurs propres limites. Elles peuvent donc, tout comme les personnes qui ont un complexe d'infériorité, avoir peur de l'échec. L'orgueil est alors tel qu'il génère la peur de faillir à la si haute image que l'on a de soi.

Avec des traits de personnalité et des éléments de l'histoire personnelle très différents, des causes presque opposées peuvent être à l'origine de peurs identiques.

Complexe d'infériorité et de supériorité

Il arrive que les deux complexes – infériorité et supériorité – coexistent. Par exemple, un individu peut développer un complexe d'infériorité par rapport à son père et un complexe de supériorité de par ses origines sociales.

Dans d'autres cas, le complexe de supériorité sert de *compensation* au premier dans la mesure où il est fréquent de développer un sentiment de supériorité basé ou non sur des caractéristiques objectives pour pallier un complexe d'infériorité totalement inconscient.

Toutefois, quelle que soit la combinaison des éléments entre eux, ces personnes ont généralement une peur terrible de l'échec dans la mesure où l'origine de cette peur est double.

▶▶▶ LA PEUR D'ÉCHOUER

Situation présente

Issu d'un milieu particulièrement aisé et d'une famille relativement réputée, brillant lui-même, conscient de faire partie d'une élite intellectuelle puisqu'il a « fait Polytechnique », Lionel à trente-huit ans et se trouve pourtant en échec professionnel.

Tout d'abord, habitué à la facilité, habitué à être servi, il ne supporte pas les contraintes et a une fâcheuse tendance, en enfant égoïste, à ne pas vraiment tenir compte des besoins des autres. Ainsi, son comportement a fini par irriter, par déplaire.

D'autre part, tout en rêvant, en désirant n'avoir que des postes à haute responsabilité où il serait seul maître à bord, Lionel en réalité a du mal à aller au bout des choses. Il prend rarement des décisions et trop peu d'initiatives, ce qui précisément lui a été reproché dans son dernier poste.

En fait...

Avec son fort sentiment de supériorité, sa presque obligation d'être le meilleur, il craint en fait de se confronter à ses propres limites. La barre est trop haute, l'idéal, trop élevé.

Il a par conséquent et paradoxalement du mal à assumer les responsabilités qui lui sont confiées, ce qui, compte tenu de son niveau de poste, est évidemment problématique. De plus, il a fondamentalement du mal à se positionner puisqu'il ne veut et ne rêve que de postes d'envergure sans véritablement pouvoir ni même vouloir au bout du compte les assumer, et ce par peur de n'être pas complètement à la hauteur non tant du poste lui-même que de l'idéal qu'il a en tête... et d'échouer !

RÉCAPITULONS...

Si l'éducation, des événements traumatisants et douloureux ou des complexes alimentent notamment des peurs du jugement, de l'autorité, d'échouer, de déplaire ou de décevoir, ils renforcent également, si elles existent déjà, les peurs « primaires » : séparation, non-amour, « impuissance », insécurité.

Chapitre 6

D'inconscient à inconscient...

Les interdits

Parallèlement et transversalement aux origines « primaires » et « secondaires », il existe, de parents à enfants, de génération à génération, d'inconscient à inconscient, d'une part des transmissions de peurs, et d'autre part des interdits qui par nature génèrent toujours au moins une peur : celle de les transgresser.

Sans que la plupart du temps nous ne nous en rendions compte, il est transmis à chacun de nous un certain nombre d'interdits. Je ne parle pas des interdits liés à la nécessité d'une socialisation que, en règle générale sauf exception, l'individu intègre pour son bien et qu'il respecte aussi plus ou moins par sens moral ; ne pas voler ou respecter l'autre par exemple.

Je parle ici des interdits bien souvent non formulés, non nommés, implicites mais très prégnants, d'autant plus qu'ils restent dans le non-dit.

En effet, les interdits énoncés ne sont pas les pires. Comme ils sont clairement partagés et conscientisés, l'enfant, l'adolescent puis l'adulte peut davantage les faire siens, les négocier ou les transgresser.

Les *interdits implicites* sont d'autant plus dangereux que l'on n'en parle pas, que l'on n'en discute pas. Ils font donc d'autant plus « autorité », ils ont d'autant plus de poids – ai-je envie de dire – « légal ». De fait, ce dont on ne parle pas soit n'existe pas, soit n'est pas à discuter, est indiscutable.

Dans tous les cas, mais *a fortiori* s'il n'a pas été nommé, l'idée d'avoir concrètement ou même seulement en pensée à transgresser un interdit éveille l'image ou la pensée d'un danger. Le plus souvent, ce danger est bien sûr imaginé (ou même s'il est en partie réel, il est, une fois l'individu adulte, toujours surmontable) mais il déclenche une peur, voire une angoisse dans la mesure où, comme nous l'avons évoqué, l'objet de cette peur n'est alors pas forcément précis puisque l'individu n'a souvent même pas vraiment identifié l'interdit en question.

Les interdits sociaux et culturels

C'est, entre autres, le propre d'une culture de comporter des modèles, des valeurs, des normes, des codes et des interdits. Il est évident que par définition, ils diffèrent d'une culture à l'autre. Ces modèles, ces valeurs, etc. structurent, canalisent, mais limitent aussi la liberté et l'expression individuelle.

De même, il existe des milieux sociaux qui, au sein d'une même culture, inculquent des normes, des modèles particulièrement forts, induisant d'autant plus puissamment l'interdit de les transgresser. Ils diffèrent également selon les milieux et les époques. Dans tous les cas, selon son milieu de référence, un individu sait bien plus ou moins consciemment que certaines « choses » se font et que d'autres ne se font pas, que certaines sont valorisées et que d'autres ne le sont pas, que certaines sont reconnues et que d'autres ne le sont pas, etc.

> Selon le milieu, il existe des modèles de réussite professionnelle et personnelle, des modèles de comportements et des choix de vie plus ou moins appréciés, plus ou moins reconnus. Ainsi, dès que l'on partage une culture de société et/ou celle d'un milieu social, on en partage aussi un peu les interdits.

Par exemple, on voit souvent chez certaines personnes encore jeunes qui ont peur d'être seules – même si de toute évidence cette peur ne peut se réduire à cela – que ce qui en partie les gêne, c'est de ne pas être dans la norme dans laquelle elles ont été élevées : à tel âge, il « faut » être en couple, être marié, avoir un enfant, une famille, etc. De même, des personnes qui ont peur de faire certains choix professionnels ou certains choix de mode de vie ont en fait souvent peur de transgresser des interdits véhiculés par leur milieu.

▸▸▸ LA PEUR DE S'OPPOSER ET...

Le passé

Le père de Guillaume, comme son propre père avant lui, est un homme très autoritaire, autocratique, quelque peu totalitaire, qui impose ses vues à l'ensemble de sa famille : à ses cinq enfants bien sûr et même, étant l'aîné, à ses frères cadets.

Guillaume, bien que très souvent en désaccord avec son père sur sa manière d'être, de faire, sa façon d'imposer ses volontés et ses idées souvent sectaires, n'en a jamais rien dit. Il a tenté une seule fois de le contrer lors d'un repas de famille tant l'attitude de son père lui paraissait insupportable, mais il s'est fait rabrouer et humilier de façon magistrale, sans qu'aucun des membres réunis autour de la table ne prenne son parti ou du moins ne nuance les propos de son père.

Guillaume est alors devenu petit à petit extrêmement réservé, presque muet. En effet, il a pris l'habitude en toutes circonstances dans son univers professionnel, avec ses amis et bien sûr en famille de ne faire part d'aucune pensée, aucune opinion, aucun désir, aucun souhait. Il a une peur totalement pathologique de s'« exprimer ».

En fait...

Doté d'une personnalité très forte, il l'a d'autant plus étouffée qu'il sait qu'il est totalement « interdit » dans sa famille de s'opposer à son père ou à tout aîné quel qu'il soit. Jamais cela ne s'était produit d'où la terrible scène qu'il avait eu à subir le jour où il avait osé remettre en question ce qu'édictait son père.

Situation présente

Aujourd'hui, à trente-sept ans, même au cours des entretiens que nous avons ensemble, Guillaume n'ose pas se rebeller, n'ose en rien critiquer la position de son père, s'opposer en quelque sorte pour ne pas dire se « poser », ce qui est pourtant en grande partie à l'origine de son problème : cela ne se fait pas.

▸▸▸... DE NE PAS ÊTRE DANS LA NORME

Situation présente

Par ailleurs, Guillaume vit assez replié sur lui-même, a peu d'amis et surtout n'a pas d'amie, n'est pas marié. Il n'a donc pas encore construit de relation affective durable.

Certes, il souffre de cette situation, mais au-delà d'un manque affectif dont il n'a pas en tant que tel vraiment conscience – mais peut-être ne l'exprime-t-il pas ? – il s'aperçoit que bien plus que son désir de faire sa vie, il souffre essentiellement de ne pas être dans la norme. Tous ses frères et sœurs, même les plus jeunes que lui, ses cousins sont mariés, mères et pères de famille pour la plupart, tous les gens de son âge sont en couple et lui est seul.

En fait...

Dans son milieu social, l'une des finalités de l'existence étant de fonder une famille, il se sent complètement à part et c'est ce qui l'afflige prioritairement, même s'il a conscience par ailleurs d'avoir à son insu fait jusque-là un choix différent, à savoir celui de d'abord se (re)trouver.

Les interdits parentaux

De toute évidence, les parents renforcent ou instaurent eux-mêmes des interdits, soit parce qu'ils sont des relais particulièrement efficaces des interdits culturels et sociaux, les ayant intégrés eux-mêmes, soit parce qu'ils sont dans un système de réassurance ou d'autoprotection.

Un enfant d'ouvriers, par exemple, peut parfaitement intégrer « l'interdit » de rater ses études dans la mesure où d'une part ses parents font des sacrifices pour lui et d'autre part sa réussite est pour eux une fierté immense, tout comme l'enfant d'un milieu plus bourgeois peut intégrer par exemple « l'interdit » de faire autre chose que droit ou médecine parce que toute la famille est juriste ou médecin !

De plus, il existe des *interdits contradictoires* qui peuvent souvent, au-delà de la peur, conduire à un vrai *blocage*.

Reprenons l'exemple, même s'il est un peu caricatural, d'une famille d'origine très modeste : elle peut à la fois induire « l'interdit » de rater ses études et en même temps faire peser « l'interdit » de vraiment réussir socialement, matériellement, dans la mesure où elle peut malgré tout considérer cela comme une « trahison », un « abandon » du milieu d'origine.

Le souhait, le « désir » particulier qu'un parent peut avoir sur son enfant, soit parce que ce désir correspond à une norme sociale, à une valeur ambiante, soit parce que pour des raisons personnelles, culturelles, le parent projette consciemment ou non un désir personnel de faire tel ou tel métier, de réussir telle ou telle carrière, crée *de facto* l'interdit du contraire :

- aller dans telle ou telle voie ;
- réussir tel type d'études ;
- épouser telle personne ou type de personne ;
- être et rester dans un moule familial ;
- développer tel potentiel ou qualité plutôt que tel autre.

De même, des parents particulièrement rigides, des modes d'éducation où il n'existe que peu de communication, où la différence est peu acceptée, génèrent inévitablement énormément d'interdits ou les renforcent. Une fois encore, des familles en apparence libertaires peuvent tout à fait générer elles aussi des interdits forts, surtout dans la mesure où ils sont implicites.

L'enfant ressent très bien ce que souhaitent au fond ses parents ou en tout cas la manière dont eux-mêmes sont structurés. S'il n'y a pas de communication, d'échange, l'enfant en tire la conclusion que ce que le parent a dans la tête, c'est plus ou moins ce qu'il doit avoir dans la sienne.

Nous imaginons aisément que tous ces interdits renforcent inévitablement la peur d'exprimer sa *puissance* et toutes les peurs qui y sont liées : notamment la peur de choisir, la peur d'être soi-même, la peur de s'affirmer, etc.

Les interdits et leur éventuelle transgression peuvent d'autre part étayer la peur de l'insécurité si elle existe, voire l'induire, parce que transgresser comporte toujours pendant un temps un important sentiment d'insécurité. Cela est vrai tout d'abord dans la mesure où le sentiment de sécurité a été inévitablement et préalablement associé par le sujet au modèle que précisément il quitte, qu'il modifie. Ensuite, en transgressant un interdit, l'individu se met toujours en état d'*insécurité affective* puisqu'il prend le risque de décevoir, de ne plus être aimé. En effet, se conformer aux attentes a forcément été pour lui à l'époque synonyme de plaire, d'être accepté, etc.

Si de surcroît le choix à faire comporte la perspective d'une *insécurité matérielle* objective et si en prime la personne en a déjà souffert antérieurement, il y a fort à parier que sa peur sera grande et que cette personne risque même, pendant un temps du moins, d'être complètement bloquée.

Interdits

Principale peur générique

- Peur d'être soi-même

Principales « peurs écran » ou « peurs symptôme »

- Peur de choisir
- Peur de se faire plaisir
- Peur de son désir

▶▶▶ LA PEUR DE CHOISIR

Situation présente

La trentaine bien dépassée, Sonia est dans l'incapacité de choisir sa voie professionnelle tout comme affective. Pourtant brillante, sensible, profondément artiste, créative, avec un sens commercial également très développé, elle se trouve aujourd'hui complètement perdue.

Le passé

Son père, un centralien qui ne reconnaît et ne valorise que des carrières brillantes d'ingénieur, voire à la rigueur scientifiques mais dans tous les cas avec un passage obligé par une grande école, porte par ailleurs un regard assez méprisant sur les femmes ou plus exactement sur toutes les dimensions « féminines ». Il a toujours explicitement désiré que Sonia soit ingénieur, et de haute volée.

Elle fait deux ans de préparation aux grandes écoles d'ingénieurs, échoue presque volontairement, s'engage alors après un an d'hési-

tation dans des études de droit, visant une carrière d'avocate, tente Sciences-po puis abandonne. Elle abandonne aussi au bout de cinq ans ses études de droit et se lance dans le consulting auquel elle renonce également.

Les années passent et après avoir perdu énormément de temps dans des études qui ne l'intéressent pas, Sonia, toujours insatisfaite, ne parvient pas à trouver sa voie, à choisir sa voie. Elle est tentée par le commerce international mais ne se décide pas, puis par diverses activités créatrices dans lesquelles elle ne s'embarque pas.

En fait, si Sonia a eu le « courage » de refuser une carrière d'ingénieur qui probablement ne lui convenait pas, elle a aujourd'hui peur de choisir car elle ne parvient pas complètement à transgresser l'interdit posé par son père de faire autre chose qu'une grande école pour être ingénieur.

De plus, son père, après s'être beaucoup occupé d'elle bébé, s'en est tout à coup détourné sans que jamais elle ne comprenne pourquoi – probablement à cause d'un conflit avec la mère avec laquelle il ne s'entend pas. Sonia fait tout depuis pour regagner l'amour de son père.

En fait...

Sonia est donc entre deux, ni avec ni sans. Elle flotte sans réussir à trouver sa bouée, son ancrage. Elle a toujours peur de mal faire, peur de s'affirmer et peur de choisir, et donc de ne plus être aimée, même si elle a en réalité des désirs bien affirmés mais qu'elle ne parvient pas à concrétiser.

Les interdits de « famille »

Dans chaque famille il existe des interdits ou des droits qui sont transmis de génération en génération. De fait, si chacun regarde de près et honnêtement sa vie et son déroulement, il les découvre.

En effet, à force de répéter un modèle même avec des variantes, la génération suivante en tire inconsciemment la conclusion que certaines choses sont possibles ou impossibles, faciles ou difficiles :

- l'amour ;
- la réussite ;
- l'harmonie ;
- la réalisation personnelle ;
- le plaisir dans la vie, etc.

La plupart du temps, les membres d'une famille partagent des interdits identiques même s'ils se jouent différemment pour chacun, même si l'un s'en « sort » mieux que l'autre. Les interdits sont parfois subtils, comme celui de se faire plaisir, de penser à soi...

Paradoxalement, certains modèles même très négatifs pour soi sont autorisés parce que ce sont les seuls que l'on connaît. Ce phénomène est plus fréquent qu'on ne le pense. Ces modèles peuvent être :

- la souffrance ;
- la lutte ;
- le combat ;
- l'échec.

Ainsi, on arrive parfois à ce paradoxe : le bonheur est interdit et seuls la souffrance ou l'échec sont autorisés ! L'individu finit alors presque par être valorisé et par se valoriser à travers l'état ou le comportement en question.

L'individu peut avoir le pressentiment, surtout avec les années qui passent, qu'il subit des interdits, mais il ne s'en rend pas forcément compte puisque leur force est d'être posés comme tels, donc difficilement contestables.

▸▸▸ LA PEUR D'ÊTRE BIEN

Le passé

Les parents, les grands-parents, les arrière-grands-parents de Sylvie ont énormément travaillé et souffert d'une récurrente précarité. De plus, les femmes de sa lignée – sa mère notamment –, plutôt sacrificielles, raides et tristes, ont laissé très peu de place, pour ne pas dire aucune, au plaisir d'être une femme ni à la simple joie d'être vivante. Les hommes, quant à eux, sont plutôt défaillants ou absents.

Pour Sylvie, tout a donc été lié à la restriction, à la nécessité de faire seule. Tout simplement, l'interdit d'être heureuse, de se sentir bien, a pesé sur elle.

Situation présente

Après avoir connu elle aussi des périodes très difficiles, elle se sort petit à petit à la force du poignet de son milieu, du moins professionnelle-

ment : elle devient graphiste. Toutefois, elle ne parvient pas à s'apaiser, se rasséréner, à positiver, comme si inconsciemment elle se contraignait à souffrir, à lutter, à s'angoisser. Par exemple, elle ne choisit jamais les solutions les plus agréables, les plus faciles pour elle : alors qu'aujourd'hui elle gagne bien sa vie, elle se met dans des situations financières difficiles, comme s'il fallait qu'elle soit dans une précarité, comme si elle n'avait pas le droit de profiter un peu de l'existence.

Elle ne parvient pas du tout à se faire plaisir ; elle se refuse le droit d'acheter un vêtement qui lui plaît vraiment par exemple, mais elle dépense inconsidérément en achetant des objets, des vêtements qui ne lui plaisent pas ou dont elle n'a pas besoin. Ainsi, elle se met régulièrement à découvert. Elle loue très cher un appartement qui ne lui plaît pas non plus. Elle se met des barrières pour partir en week-end, elle trouve des prétextes pour ne pas se mettre à faire de l'aquarelle, ce dont elle rêve depuis toute petite. Et quand elle parvient à se faire plaisir, elle s'angoisse à l'idée qu'elle va le payer. Elle met également une énergie disproportionnée à acquérir quelque chose.

Sylvie vit seule et si bien entendu elle a fait des rencontres, si elle a eu des « amis », elle ne sait compter que sur elle.

En fait...

À bientôt cinquante ans, elle est lucide maintenant sur le fait que les années ont beau passer, sa situation matérielle, personnelle a beau s'être énormément améliorée, elle a néanmoins peur de se faire plaisir, d'être heureuse, comme si cela lui était interdit de toute éternité. Il « faut » toujours qu'elle soit dans le combat, dans la lutte, dans une sorte d'isolement affectif aussi, comme elle a vu toute sa famille et toutes les femmes de sa famille l'être.

▸▸▸ L'ANGOISSE DE NE PAS RÉUSSIR

Le passé

Les hommes de la famille d'Henri, grands-pères, père, oncles, cousins, se sont tous sans exception fait une place sociale et professionnelle au soleil. Tous ont des postes importants et sont même pour certains assez connus.

Situation présente

Henri, l'aîné de tous les cousins de sa génération, n'a de son côté pas la fibre pour les études longues. Il l'a peut-être d'autant moins qu'il a développé très tôt un complexe et la peur de ne jamais être à la hauteur des hommes de sa famille. Il a fait, comme il dit, une « petite » école de commerce.

Ayant dans la tête l'image de très brillantes carrières mais ne s'en sentant ni le goût ni les capacités, il ne se résout toutefois pas à aller vers des filières qui lui correspondraient davantage et où il pourrait réussir à sa façon, avec ses qualités propres.

En fait...

Henri a déjà l'impression d'avoir « tout » raté et refuse de faire son chemin dans des filières que de toute façon il dévalorise totalement, et dans lesquelles il a malgré tout toujours peur de rater. N'est-ce pas d'ailleurs cette peur qui est déjà en partie à l'origine de son relatif échec comparé au parcours des autres hommes de sa famille ?

Peur de tout rater quoi qu'il entreprenne, angoisse de ne pas réussir, Henri est aujourd'hui complètement bloqué !

Interdits de famille

Principale peur de fond

- Peur d'être soi-même

Principales « peurs écran » ou « peurs symptôme »

- Peur de penser à soi
- Peur d'être heureux
- Peur de réussir
- Peur de rater

Les interdits de « fait »

Enfin, en fonction de la *place* que les parents, même inconsciemment, ont parfois « désiré » que l'enfant occupe et du rôle qu'ils lui ont « demandé » de jouer, découlent d'autres interdits que j'appelle *de « fait »*, d'abord pour les différencier des précédents, ensuite parce qu'ils existent tels quels la plupart du temps, à l'insu même de ceux qui les posent.

Ces interdits, ainsi que la peur corollaire de les transgresser, sont toujours très puissants, dans la mesure où ils sont toujours liés à la « place » qu'un individu a ou non le droit de prendre dans la vie et/ou à son identité :

- devoir prendre la place de l'un des parents absent, parti ou décédé ;
- remplacer un frère ou une sœur ;
- sentir que l'on doit soutenir, « réparer » un parent blessé, fragile ;
- prendre ou avoir le rôle de celui qui « réussit », du « parfait », du « fort » ;
- ou inversement le rôle du « faible », du « raté », etc.

Tous ces rôles, toutes ces places attribuées, liées bien sûr à l'histoire familiale, créent des interdits « de fait » dans la mesure où l'individu « doit » alors en quelque sorte « s'exécuter », parfois dans les deux sens du terme ! Il doit d'une part faire ce qui lui a été « ordonné » et d'autre part, en ne pouvant vivre sa vie, il doit d'une certaine façon se « mettre à mort ».

Le parent peut également ne pas souhaiter, là encore inconsciemment le plus souvent, voir grandir l'enfant et lui poser alors de fait l'interdit de grandir. Il agit ainsi :

- par carence affective ;
- par désir de pouvoir ;
- pour garder l'enfant près de lui et/ou garder une influence sur lui.

Ces interdits « de fait » génèrent inévitablement des peurs très fortes : peur d'exister, peur de prendre sa place, peur de vivre, peur d'être soi-même.

Comme les interdits de famille, les interdits « de fait » aiguisent particulièrement et beaucoup plus profondément à l'idée de les transgresser la peur de ne plus être aimé. En effet, ces interdits viennent directement de l'un des parents ou de la famille, et l'enfant s'est forcément « imaginé » que l'amour qui lui était porté était en partie lié à sa capacité à les respecter.

À l'idée de transgresser ces interdits, l'individu éprouve souvent la crainte très forte d'une sanction, d'une punition, d'une catastrophe. Il peut également redouter une insécurité ou perte de sécurité s'il existe dans son histoire un passé d'insécurité matérielle ou affective.

▶▶▶ LA PEUR FOLLE DE PENSER À ELLE

Le passé

Hélène se voit prendre le rôle de mère quand la sienne tombe gravement malade, d'autant que deuxième de la fratrie après un frère aîné, elle a un petit frère et une petite sœur, encore bébé quand sa mère se retrouve dans l'incapacité de s'en occuper.

Homme dur et très meurtri, son père n'assume pas du tout la maladie de sa femme et demande alors à sa fille – ce qu'il trouve parfaitement normal – de tenir pratiquement complètement ce rôle avec l'aide d'une gouvernante. Hélène le fait volontiers par amour pour les siens et parce qu'elle n'a pas non plus vraiment le choix. Elle a alors dix-sept ans.

Situation présente

Aujourd'hui, Hélène, dont la mère est décédée depuis longtemps et dont les frères et sœurs se sont mariés, est toujours seule à trente-huit ans, sans homme dans sa vie. Elle s'occupe beaucoup de son père qui vieillit, se préoccupe aussi toujours de ses frères et sœurs et à présent de ses nombreux neveux et nièces.

Hélène, qui a remplacé sa mère, continue à jouer ce rôle et se sent responsable pour ne pas dire coupable de tout ce qui arrive dans la famille.

Plus ou moins consciente de cet état de fait dans la mesure où quand je la rencontre son attitude lui paraît non seulement normale et naturelle mais prioritaire sur tout le reste, elle a même du mal à penser qu'elle existe en dehors de son rôle de « mère ».

En fait…

En réalité, et même si elle en souffre énormément, Hélène s'interdit de penser à elle, de vivre sa vie, comme si elle abandonnait les autres, comme si s'y autoriser revenait à abandonner les autres, à abandonner ses propres enfants.

▶▶▶ LE DEVOIR D'ÊTRE PARFAITE

Le passé

Les parents de Marianne sont loin de vivre en parfait accord. Son père ne sait pas faire un compliment et sa mère est dépressive. Dans ce contexte, Marianne s'efforce d'être utile et surtout ni de poser un problème supplémentaire ni d'être un objet quelconque de contrariété pour ses parents.

Elle a trois frères et sœurs dont l'aînée, fragile, capricieuse, exigeante, rêveuse ne veut guère travailler à l'école. Ipso facto *Marianne, la cadette, prend le rôle de la bosseuse, de l'intellectuelle, de celle qui réussit bien à l'école, de la « forte » qui assume toujours tout.*

Situation présente

Aujourd'hui à quarante et un ans, elle en a assez d'être toujours stressée parce qu'elle a peur de ne pas être parfaite, peur de déranger les autres, peur de ne jamais faire ce qu'il faut. Elle en a d'autant plus assez qu'elle ne s'épanouit pas dans son poste de contrôleuse de gestion, ce qui la frustre aussi beaucoup.

Très créative en réalité, sensible, elle a de plus en plus envie de changer de voie ou du moins de reprendre des activités artistiques et manuelles qu'elle a pratiquées pendant un moment et qu'elle a laissées de côté, mais elle a du mal à se l'autoriser.

En fait…

Marianne est en conflit avec elle-même : comment accepter de choisir une voie un peu différente dans laquelle elle gagnerait peut-être moins bien sa vie alors que sa sœur, beaucoup moins argentée, compte encore aujourd'hui toujours plus ou moins sur elle ? Comment risquer d'angoisser ses parents à l'idée que peut-être elle se mettrait dans une sorte d'insécurité ? Comment donner plus de place à ses envies créatives alors que jusqu'à présent c'est toujours sa sœur qui a eu le rôle de l'« artiste », de la « rêveuse », de la « manuelle » ?

Marianne se cherche encore et ne s'était pas rendue compte à quel point elle avait peur de ne plus être « parfaite », peur d'être elle-même.

Principales peurs de fond

- Peur d'exister
- Peur de vivre (sa vie)
- Peur de grandir
- Peur d'être soi-même

La transmission des peurs

Enfin, certaines peurs ne sont pas celles à proprement parler de l'individu mais celles de ses parents, de ses ancêtres :

- peur de l'instabilité ;
- peur du manque ;
- peur de l'anormalité ;
- peur de la maladie ;
- peur de la mort ;
- peur des catastrophes ;
- peur des ruptures ;
- peur de l'insécurité...

Heureusement, l'individu n'hérite pas forcément de tout mais certainement d'une part d'entre elles.

Nous savons bien aujourd'hui que les inconscients communiquent, notamment au sein d'une famille, et que les peurs, les angoisses, sans même qu'elles aient été évoquées, se transmettent d'une génération à l'autre.

Une famille, un milieu, un peuple entier marqué par un événement ou par une succession d'événements – même si une fois encore cela n'est jamais vraiment évoqué comme tel en tout cas – transmet l'angoisse, la peur ou au moins son souvenir, souvenir qui *a priori* développera une *réactivité* et une plus grande *sensibilité* au type d'événement en question. De fait cette peur, cette angoisse, transmises d'une manière ou d'une autre, restent toujours prêtes à se réactiver.

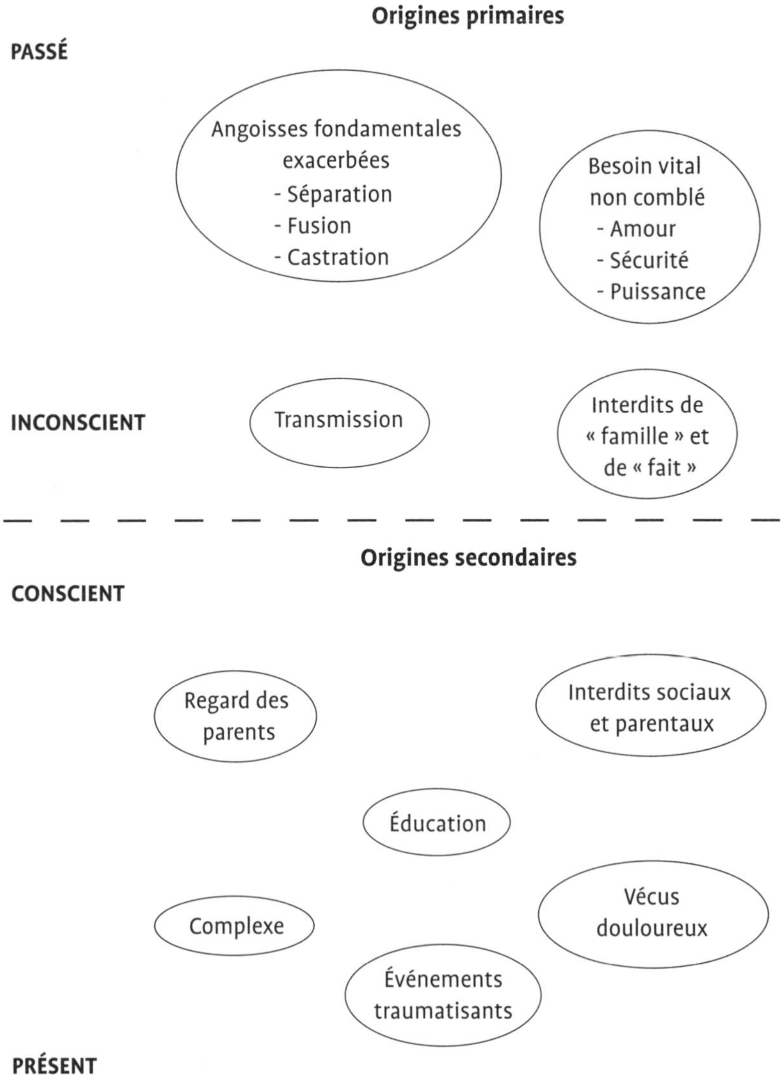
Origines primaires
PASSÉ
Angoisses fondamentales exacerbées
- Séparation
- Fusion
- Castration
Besoin vital non comblé
- Amour
- Sécurité
- Puissance
INCONSCIENT
Transmission
Interdits de « famille » et de « fait »
Origines secondaires
CONSCIENT
Regard des parents
Interdits sociaux et parentaux
Éducation
Vécus douloureux
Complexe
Événements traumatisants
PRÉSENT

RÉCAPITULONS...

Des origines multiples et complexes

Les facteurs à l'origine des peurs sont multiples, de nature et d'importance différentes, et les peurs ressenties, les peurs de vie, sont le plus souvent la résultante de plusieurs données.

Leur origine peut être archaïque ou plus récente, des événements particuliers peuvent résonner sur des angoisses de base qui elles-mêmes peuvent se trouver réactivées par l'idée de transgresser un interdit, etc.

Les peurs elles-mêmes peuvent se nourrir les unes des autres. C'est pourquoi il n'est pas toujours facile de voir clair, ni aisé de cerner sa peur, d'en identifier l'origine, parce que la plupart du temps tout se mélange, s'imbrique.

Des peurs très « personnelles »

Toutes les combinaisons sont possibles ; une même peur peut avoir des origines différentes, ce qui complexifie son approche et sa lisibilité.

Parallèlement, s'il existe des constantes dans la construction et dans l'élaboration des peurs, la combinaison toujours personnelle des facteurs en jeu alimente des ressentis spécifiques, des résonances très personnelles.

Des peurs plus ou moins ancrées

Plus il y a de paramètres en jeu et/ou plus ils remontent aux angoisses et peurs fondamentales, plus les peurs au quotidien sont nombreuses et/ou fortes.

Plus l'origine est primaire, plus l'histoire personnelle alimente les peurs de base, plus des événements traumatisants interviennent tôt dans la vie de l'enfant et plus la peur est ancrée et profonde.

La peur de ne pas « être aimé » n'a ni les mêmes résonances, ni la même profondeur selon que son origine remonte à une séparation précoce d'avec la mère, à une différence en sa défaveur avec un frère ou une sœur ou à une difficulté à s'intégrer à l'école...

De même, plus les origines secondaires viennent résonner sur des origines primaires, plus la peur est complexe à déjouer.

En outre, plus on remonte dans le passé, plus l'origine de la peur est inconsciente.

Partie 3

Comment se libérer de ses blocages ?

Il n'est simple ni de gérer ni de dépasser ses peurs dans la mesure où elles plongent leurs racines dans le passé, où la plupart du temps beaucoup de facteurs sont imbriqués et où l'émotionnel est largement partie prenante puisque le « trauma » d'origine, quel qu'il soit, est forcément associé à une émotion. C'est pourquoi d'ailleurs cette mémoire émotionnelle inscrite dans le corps y demeure longtemps et ne se « raisonne » pas.

Pour se libérer d'une peur, on peut, compte tenu de sa nature même, travailler sur trois plans :

- en *comprendre l'origine* de façon à pouvoir prendre le recul nécessaire et surtout dissocier mentalement et émotionnellement ce qui à l'époque a été associé ; en d'autres termes, remettre les événements, les faits et les personnes à « leur » place ;
- *libérer les émotions et les mémoires négatives* inscrites dans le corps ;
- *apprendre à se rassurer et mettre en place d'autres réflexes.*

Parallèlement et dans tous les cas il est souhaitable d'essayer de se (re) construire et d'acquérir plus de confiance en soi. En effet, plus on prend confiance en soi, plus on développe ses « sécurités » intérieures et plus les peurs en sont en général réduites d'autant.

Chapitre 7

Apprivoiser sa peur

Accueillir sa peur

Le préalable incontournable est de reconnaître sa peur, de la regarder en face et de l'accepter. Il faut faire cela ni pour s'y installer, ni pour se résigner, ni pour se cacher derrière comme une excuse, un alibi – « J'ai peur ; donc je ne peux pas » – mais pour l'apprivoiser et la traverser.

La refouler, la mettre de côté ou bien la considérer comme un obstacle insurmontable ou une ennemie à vaincre, à éliminer, ne résout rien dans la durée.

Plus on reconnaît, plus on « accepte » sa peur comme une étape nécessaire, moins elle a d'emprise.

> **Comme n'importe quelle émotion, moins on prend la peur en compte et plus elle consume, aliène, plus elle détruit.**

Dans un premier temps, parfois relativement long, l'individu a toujours tendance à « oublier », à nier, à refouler sa peur. De fait, on se raisonne et on « fait semblant » pour différentes raisons très compréhensibles.

D'abord – nous l'avons vu –, on peut constater le blocage, la difficulté, mais sans forcément identifier de quel type de peur il s'agit, et même que l'on a peur. En effet, par méconnaissance de l'impact d'une peur sur les comportements, on n'a pas forcément le réflexe de détecter leur présence, ni pour soi ni pour l'autre d'ailleurs.

L'individu a souvent honte d'éprouver une peur, surtout s'il est orgueilleux, d'autant que cela le maintient d'une certaine façon – sur ce plan du moins – à un stade infantile, ce dont il a plus ou moins conscience. Il n'est pas facile une fois adulte de reconnaître avoir des peurs d'enfant et/ou ne pas avoir complètement grandi.

Il a donc tendance à se juger, à se culpabiliser, précisément parce qu'un adulte ne « devrait » pas avoir peur. Il a en tout cas du mal à abandonner une image idéale de soi.

Or la première étape est de pouvoir accueillir sa peur telle qu'elle est, sans jugement.

Ne pas prendre en compte sa peur relève parfois tout simplement d'une saine réaction dans la mesure où l'individu, ne voyant pas du tout comment s'en libérer, décide alors de « faire » avec.

On peut aussi choisir de se dire chaque fois qu'on ressent un blocage, un mal-être, qu'il s'agit d'un mauvais moment à passer en espérant qu'un jour, sans qu'on s'y soit attelé, la peur s'évanouisse, disparaisse. Malheureusement, une peur non reconnue ne peut être gérée.

Pouvoir accueillir sa peur, c'est ne pas la juger, en d'autres termes ne pas se juger.

Une fois qu'on l'a accueillie, acceptée, on peut commencer à dialoguer avec elle et à (re)devenir acteur.

L'attitude inverse renforce, maintient la peur et plus précisément celle de décevoir, de déplaire, de ne pas être à la hauteur, de ne pas pouvoir tout contrôler.

Tout le monde éprouve une peur, en d'autres termes, on n'agit pas, on ne pense pas comme on le souhaiterait vraiment. C'est une preuve de maturité que de le reconnaître. Jusqu'à ce qu'on s'en soit libéré, cette peur fait aussi partie de soi.

Gérer ses résistances

Outre la nécessité d'être prêt, de faire preuve d'une certaine humilité et d'un relatif amour pour soi-même, accueillir sa peur implique – nous l'avons évoqué – de reconnaître la blessure qui lui est associée, donc d'avoir ponctuellement à « souffrir » à nouveau.

Ainsi, ne pas reconnaître sa peur, la tenir à distance relève en réalité d'une protection inconsciente. Si une personne a par exemple « peur » de la séparation parce que la séparation est associée pour elle à une grande douleur survenue dans l'enfance et à son souvenir, il est évident que reconnaître cette peur l'expose tôt ou tard à revivre même ponctuellement l'événement et la douleur qui y est associée.

Par conséquent, ne pas reconnaître sa peur protège d'avoir à ressentir à nouveau une blessure enfouie, mais toujours présente.

D'autre part, admettre sa peur implique tout simplement de devoir se confronter à ce que précisément on a toujours éludé, mis de côté, et forcément à changer, à grandir.

Ainsi, il faut être conscient que même quand on en souffre et qu'on tient vraiment à s'en libérer, on résiste, et que tout individu recule inconsciemment le plus longtemps possible le moment où il aura à remonter dans son passé afin de redécouvrir ce qui l'entrave.

Ainsi, pour éviter de faire le premier pas ou le pas suivant dans ses prises de conscience, on a tendance, en fonction des situations :

- à trouver des prétextes ;
- à attendre, en se mettant en position de « victime », que l'autre répare le tort causé ;
- à attendre que l'autre fasse les premiers pas ;
- à vouloir conserver des bénéfices secondaires comme être pris en charge ou ne pas prendre ses responsabilités ;
- à chercher encore indirectement l'amour de l'autre en se faisant plaindre, en jouant d'une certaine façon sur ses propres incapacités ;
- à faire valoir sa peur pour s'excuser de ne pas faire mieux ;
- à s'identifier à sa peur pour exister, se faire reconnaître, etc.

Ne pas s'identifier à sa peur

S'il est bon et juste de chercher à se libérer de sa peur, il est néfaste de s'appesantir sur elle, d'y rester accroché, de s'identifier à elle. Il est préférable de la traverser, d'autant plus quand on a pris conscience qu'il s'agissait d'une construction, d'une « illusion ».

RÉCAPITULONS...

On ne combat pas sa peur : on la traverse, tel un voile que l'on aurait mis entre soi et la réalité. Plus on cherche à se battre avec elle, plus on lui donne d'importance, de consistance, plus on la renforce. Certes, la peur existe, et il est nécessaire de la reconnaître, de l'accepter, de la regarder en face, mais pour s'en libérer.

Chapitre 8

Démonter sa peur

Comprendre l'origine de son blocage

Que l'on passe par la parole ou par un travail sur le corps, il faut à un moment aller toucher sa peur, la rencontrer, l'embrasser pour pouvoir la quitter ou pour qu'elle nous quitte.

Dans la mesure où le blocage est l'arbre qui cache la forêt et où il faut recontacter la blessure la plus profonde, se libérer de sa peur relève d'un véritable travail sur soi.

Voici quelques conseils pour identifier sa peur de fond, en retrouver l'origine et libérer cette émotion négative restée bloquée.

Nommer ce que l'on ressent

Si l'on constate toujours le blocage, si l'on ressent toujours un malaise, de l'inconfort, il est souvent difficile avant même de savoir pourquoi, de cerner exactement de quoi on a peur. Or cette étape est essentielle pour commencer à travailler sa peur.

Ne pas rester approximatif

Pour identifier les différentes peurs cachées, et ce jusqu'à la peur la plus profonde, il convient de se centrer sur ce que l'on ressent en situation pour pouvoir nommer au plus près la peur, la crainte et l'émotion vécues. Plus on est précis, plus on commence à déjouer sa peur.

À chaque étape, il est important de ne pas se contenter d'approximations et d'être honnête avec soi-même.

On sent, au moment où l'on est dans le vrai, une libération partielle ou totale, un soulagement.

- J'ai peur de le rencontrer : ce que je ressens est-il plutôt une peur de m'affirmer, de m'engager, d'entrer en relation ?
- Je suis bloqué à l'idée de dire ce que je pense : est-ce que je ressens une peur d'être ridicule, de ne pas être entendu, de ne pas être compris ?
- Je ne réussis pas à faire part de mes sentiments : est-ce que je ressens une peur de ne pas contrôler, d'être rejeté, etc. ?
- J'ai peur du conflit : s'agit-il de la peur de communiquer, de me confronter, de donner mon point de vue, de me défendre ?

Re-sentir ses peurs

Plus on remonte dans la chaîne des peurs, plus il est nécessaire de retrouver le ressenti exact et l'émotion qui étaient les siens à l'époque.

Cela permet de savoir, au-delà du seul plan intellectuel et mental, exactement de « quelle » peur il est question pour soi et quel « danger » bien précis on imaginait alors. Plus on touche la nature et la profondeur de la peur, plus le « danger » imaginé est précis, cerné et plus on peut y faire face.

Par ailleurs, si l'on ne ressent pas la « peur », l'émotion telle qu'elle était, on en comprend seulement le mécanisme sans pouvoir complètement s'en libérer ; c'est toujours de l'émotion dont on se libère et la peur est avant tout une émotion.

Enfin, retrouver l'émotion de l'époque, la « peur » telle qu'il l'a ressentie, permet beaucoup plus facilement à l'individu de dissocier ce ressenti, qui est de l'ordre du passé, de la « personne » qu'il est devenue aujourd'hui : ainsi sa « peur » passée, au regard du présent, tombe plus facilement d'elle-même.

Reprenons l'exemple : « J'ai eu peur de ne pas savoir me défendre » ; je retrouve bien là l'émotion et le ressenti que j'ai eus face à l'autorité de mon père à l'époque. En me remettant au contact de cette émotion, j'identifie précisément de quoi j'ai eu peur.

Si c'est par le passé que j'ai ressenti le danger de ne pas savoir me défendre, ma peur a des chances de diminuer aussitôt dans la mesure où presque simultanément je ressens plus ou moins quels moyens j'ai objectivement à ma disposition aujourd'hui pour pouvoir le faire.

Quand il s'agit d'angoisse, par définition sans objet, on peut également essayer de préciser ce que l'on ressent pour mieux cerner quel est, derrière, le « danger » imaginé.

Travailler sa peur

À chaque fois qu'on identifie une « peur écran », et notamment quand on arrive à la peur la plus profonde, il est nécessaire de retrouver les souvenirs, les vécus négatifs, les émotions ressenties qui en sont à l'origine directe.

Au-delà des mécanismes d'autoprotection, remonter dans le passé pour comprendre sa peur peut se révéler relativement difficile. Les événements, souvent lointains, ont été oubliés, voire refoulés.

L'individu positif a plutôt envie d'oublier les aspects négatifs de sa vie et précisément de n'avoir en tête que des faits agréables et porteurs.

Le pragmatique ou le rationnel ne voit pas l'intérêt de s'appesantir sur un événement passé sur lequel aujourd'hui, en toute logique, personne ne peut revenir.

Pourtant, il est rare de pouvoir se libérer d'une difficulté ou d'un blocage sans revenir sur les causes.

Savoir se poser les bonnes questions

Pour retrouver *l'origine* d'une peur, il faut rechercher *tous* les facteurs qui en sont à l'origine sans s'arrêter au premier qui est souvent le plus évident mais pas toujours le plus important ou pas le seul.

Quoi qu'il nous vienne à l'esprit – l'expression d'une peur, une impression, une sensation, un ressenti, une image, un souvenir –, il faut creuser et se poser des questions très directes : quoi ? pourquoi ? en quoi ? etc. Plus on se pose une question franche, plus la réponse est spontanée.

« Une » peur du conflit

Étapes		Les bonnes questions à se poser
1. J'ai peur de donner mes opinions.	➜	De quoi ai-je peur exactement ?
2. J'ai peur de déplaire.	➜	Pourquoi ?
3. Parce que j'ai l'impression de prendre un risque.	➜	Quel risque ?
4. Le risque que l'autre devienne violent.	➜	Cela me fait penser à quoi ?
5 : - Au fait que je n'étais dans mon enfance ni écouté ni entendu ; - au fait que mon père se mettait en colère dès qu'on n'était pas d'accord avec lui ; - au fait qu'il était interdit de montrer ses émotions ; - au fait que j'avais dans la famille le rôle du « gentil ».		

« Une » peur de s'affirmer

Étapes		Les bonnes questions à se poser
1. J'ai peur d'aller lui parler.	➜	De quoi ai-je peur exactement ?
2. En fait, j'ai peur de m'affirmer.	➜	Pourquoi ?
3. Parce que j'ai peur de l'autorité.	➜	Qu'est-ce que je ressens quand je pense à l'autorité ?
4. Je ressens la peur de ne pas pouvoir être à la hauteur.	➜	Pourquoi est-ce que je ressens cela ?

5. Parce que j'avais un père très dominateur et très doué.	➜	Est-ce que je me sens complètement soulagé, plus léger maintenant que j'ai identifié cela ? Quelle autre raison peut-il y avoir?
6. J'ai eu aussi une très grave maladie tout petit.	➜	Qu'est-ce que j'ai ressenti alors ?
7. Je me suis senti vulnérable, impuissant.	➜	Qu'est-ce que je me suis alors imaginé ?
8 : j'en ai inconsciemment tiré la conclusion que je ne serai jamais à la hauteur.		

Laisser remonter ses souvenirs et ses émotions

En retrouvant les souvenirs, les événements vécus, les interdits, il faut veiller à laisser remonter les émotions qui y étaient liées à l'époque et qui le sont encore aujourd'hui.

Prenons un exemple. J'ai peur du conflit car :

- Mon père voulait toujours avoir raison = souvenir.
- Quand je n'étais pas d'accord avec lui, je ressentais le fait de ne pas pouvoir me défendre = émotion.
- Ce ressenti, cette émotion devint à la longue une peur : celle de ne pouvoir me défendre = « peur écran » ou « peur de fond ».

Autre exemple. J'ai peur de l'autorité car :

- J'ai peur au fond de ne pas savoir me défendre.
- C'est ce que j'ai ressenti, enfant, face à mon père : ne pas savoir me défendre = émotion passée.
- Parce que mon père, très dominateur, finissait toujours par me demander de me taire et par vouloir avoir raison = souvenir à l'origine de l'émotion et de la peur de ne pas savoir me défendre.

Nouvel exemple. J'ai peur de m'affirmer car :

- J'ai peur en me défendant de faire du mal.
- J'ai éprouvé cette peur du mal quand j'étais enfant avec ma mère = émotion passée.
- Parce que ma mère était très dépressive et que je ne devais pas la contrarier = souvenir à l'origine de l'émotion et de la peur associée.

Cette étape est souvent délicate dans la mesure où elle conduit précisément à la souffrance qui est à l'origine de la peur. Le souvenir en est parfois tellement douloureux que l'individu préfère refouler, mettre de côté ; dans certains cas, cela peut même être pour lui une question de survie.

Contacter sa blessure

J'insiste sur l'importance de vraiment aller contacter sa blessure et de ne pas s'arrêter en chemin. S'il est nécessaire de prendre son temps et d'être mûr pour rentrer en contact avec sa ou ses blessure(s) fondamentale(s), on peut, à cause de ses résistances généralement très fortes à ce stade, s'arrêter très longtemps à des « peurs écran » ou tourner en rond un grand moment et ne pas faire ce pas libérateur.

C'est de ne pas vouloir revivre la douleur qui cristallise la peur. Or plus le blocage est important, moins on peut faire l'impasse sur cette étape décisive.

On ne peut de fait dépasser sa peur, s'en libérer si l'on ne revient pas sur la douleur, l'affront, l'abandon, l'injustice subie, si on ne les « retrouve » pas de manière à pouvoir enfin les évacuer. On ne peut se libérer de quelque chose que l'on n'a pas accepté, que l'on nie ou dont on ne reconnaît pas l'importance, mais de ce que l'on a entièrement reconnu, admis et que l'on peut alors « choisir » d'oublier, de traverser.

De surcroît c'est parce que l'on étouffe sa « souffrance » qu'elle se transforme en une peur de souffrir à nouveau :

- abandon ;
- manque d'amour ;
- injustice ;

- deuil ;
- « tyrannie »...

Rappelons-nous de Cecilia : elle ne peut se libérer de sa peur de la séparation que quand elle en sonde toute la profondeur, tout son désespoir.

Respecter son propre rythme

S'il y a en cours de route des étapes et des paliers qui sont déterminants tant dans les prises de conscience que dans les progrès réalisés, il est préférable pour se libérer des peurs de faire globalement du temps, un allié.

On ne peut intégrer les prises de conscience que petit à petit, on ne peut pas faire tomber les résistances d'un coup. Le chemin peut être relativement long, tant dans la recherche des origines et dans la libération de mémoires négatives que dans la mise en œuvre d'autres comportements.

Si l'on veut ou si l'on espère aller très vite, on risque de brûler les étapes ou de se décourager !

On passe souvent par des retours en arrière, des arrêts dans son avancée pour reprendre son souffle, pour intégrer, par crainte aussi de faire le pas suivant.

Ces étapes sont normales et c'est seulement si l'on reste bloqué un peu trop longtemps qu'il est sage de se remettre en tête son désir, de mobiliser ses moyens et de visualiser son but.

Si on est à un moment crucial dans sa vie où la peur risque d'être un facteur d'échec possible, se mettre dans l'urgence par crainte de ne jamais réussir à la surmonter, est rarement efficace. Même s'il est urgent de se libérer de sa peur, il est toujours possible et bénéfique au final de prendre son temps.

> Il n'est pas raisonnable de vouloir juguler sa peur d'un seul coup, surtout si elle est profonde. En cette matière, on avance paradoxalement plus vite si l'on prend *son* temps, celui qu'il faut.

Comme pour se libérer il peut être nécessaire de se confronter concrètement à certaines personnes, d'affronter certaines situations, il convient d'être psychologiquement prêt pour réussir. Il est important de savoir repérer :

- les *zones d'immobilité* : celles qui d'une certaine manière sont confortables mais où l'on n'avance pas ;
- les *zones d'évolution* : celles qui risquent de déstabiliser un peu mais qui permettent, en s'y aventurant, de progresser ;
- les *zones à risque* : celles dans lesquelles on risque, par manque de maturité, de force, d'être trop fortement déstabilisé, voire d'échouer.

RÉCAPITULONS...

On ne peut se libérer de sa peur sans retrouver l'ensemble de ses éléments contributifs – les souvenirs, les vécus – et surtout sans ressentir les émotions qui leur sont associées. Il est donc bon et toujours nécessaire de laisser « sortir » ces émotions qui, par nature, sont ses émotions d'« enfant » et par conséquent de ne surtout pas les juger avec sa « raison », sa rationalité d'adulte.

Chapitre 9

Dépasser et quitter sa peur

Se libérer de sa souffrance

Une fois la peur reconnue et la blessure recontactée, il reste à se dégager, à se libérer complètement émotionnellement de la souffrance qui souvent traîne encore et continue d'entamer ; ainsi, on peut alors vraiment tourner la page.

Même une fois sa blessure touchée, l'individu, toujours pour se protéger, a tendance à vouloir aussitôt agir autrement, être différent. Cette réaction est légitime.

Toutefois, plus la blessure est profonde et les dégâts collatéraux importants, plus il est nécessaire d'aller au bout de sa souffrance, ce que l'on appelle parfois « toucher le fond ». Cette « descente » dans l'ombre certes inconfortable est en réalité relativement brève et se révèle être entièrement libératrice.

De fait, on peut ainsi libérer et laisser s'exprimer toutes les émotions retenues – la tristesse, le désespoir, la colère – que, à l'époque, on a gardées pour soi.

Aller au bout de sa souffrance permet aussi de ressentir celle que l'on continue à s'infliger à soi-même en gardant cette peur en soi.

Certes, ce passage nécessite un certain courage, mais c'est toujours une fois la souffrance revisitée et traversée qu'on « choisit » de « vivre » autrement.

Par ailleurs, replonger ainsi dans l'ombre du passé met d'autant plus en lumière la personne que malgré tout on est devenu, ce que l'on a réussi, construit, ce qui permet d'autant plus de déconstruire sa peur.

Faire le « deuil » de ses manques

On ne peut dépasser vraiment une peur et s'en libérer que si l'on accepte de faire le « deuil » du manque qui lui est lié.

Si j'ai peur de ne pas être aimé parce que ma mère ne m'a pas aimé comme j'aurais souhaité l'être, je ne peux dépasser cette peur que si je fais définitivement le deuil de cet amour que je n'ai pas reçu. Ainsi, en quelque sorte, je pourrai repartir à zéro. Sinon, je continuerai inconsciemment à rechercher, à quêter, voire à quémander cet amour, auprès d'elle d'abord et des autres ensuite.

Toutefois, pour faire ce « deuil », c'est-à-dire pour reconnaître et accepter émotionnellement l'état de fait originel, l'individu est obligé là aussi de retrouver la douleur du manque qui lui était associé.

On ne fait vraiment le « deuil » et on ne dépasse la peur qui y est liée que si l'on retrouve la souffrance qui lui est associée. Sans cela, le deuil n'est au mieux que mental et insuffisant pour se libérer de sa peur.

Revenons à Nathalie. Quand je la rencontre, elle cherche toujours inconsciemment, même si elle ne le montre jamais, à être « aimée », ne l'ayant pas été par sa mère. Rationnellement, elle le sait. Mais n'ayant pas revécu émotionnellement son désarroi, sa détresse, elle se bat pour ne pas montrer son besoin d'amour à son mari et à ses enfants, et elle souffre encore chaque fois qu'elle voit sa mère et que celle-ci ne lui donne pas les signes d'amour qu'elle attend ; cela ne fait qu'entretenir sa peur. Pour ne plus avoir peur de ne pas être aimée, pour se rassurer sur le fait qu'elle est aimable et pour pouvoir le trouver, le reconnaître ailleurs, Nathalie doit faire le « deuil » de cet amour qu'elle n'a pas eu.

Je me souviens également de Jacques qui a perdu son père à l'âge de dix ans. Il « construit » à l'époque aussitôt et de manière bien compréhensible une peur de l'insécurité, de l'avenir, du changement (la mort de son père en fut un colossal pour lui), de même que celle de grandir puisque, bien évidemment, grandir implique aussi à terme, mourir. Trente ans après, son deuil rationnel est fait bien sûr, mais Jacques est obligé de repasser par cette émotion, par la douleur de la perte de son père pour pouvoir revenir sur les peurs qu'il a bâties à cette époque et pour les enterrer.

Libérer sa colère

Il est sain d'aller au bout de sa souffrance face à l'humiliation, l'injustice, l'« abandon » vécus afin de laisser s'exprimer la colère et la révolte que l'individu a étouffées à l'époque, déjà par peur. C'est une façon de remettre les choses à leur place.

C'est quand Guillaume sonde vraiment le sentiment d'anéantissement qu'il ressentait à l'époque où son père le brimait qu'il retrouve alors sa rage, sa colère enfouie, et qu'il peut l'exprimer, se l'exprimer au lieu de rester anéanti par la peur.

S'exprimer à qui de droit

S'exprimer à « qui de droit » est également libérateur Il ne s'agit pas tant de régler ses comptes que de pouvoir vraiment exprimer *a posteriori* sa position, sa vision, son ressentiment, son émotion et extérioriser en quelque sorte ce que l'individu retient à l'intérieur, et qui nourrit sa peur.

S'exprimer à qui de droit est une façon de se restaurer, de se réparer, de se (faire) respecter.

Cette démarche est valable pour toute blessure, tout « affront », même récent, subis, pour éviter précisément que l'émotion négative qui leur est liée ne se transforme en « peur ».

Prenons un exemple presque anodin. Un adulte rencontre à plusieurs reprises dans son univers professionnel des personnes qui ne sont pas honnêtes, qui ne le respectent pas. S'il ne dit rien, s'il n'exprime rien, il est probable qu'au fil des années, il risque de développer la peur de « se faire avoir » ou celle de ne jamais être respecté.

Pour des faits passés de plus grande importance, s'exprimer à qui de droit peut permettre de guérir la blessure, donc la peur d'être blessé à nouveau. Même si l'on ne peut pas ou s'il n'est pas souhaitable de s'adresser directement à la personne concernée, il est toutefois indispensable d'e-x-p-r-i-m-e-r au moins à soi-même ce que l'on n'a pas su ou pas pu dire à l'époque.

Trouver des « réponses » constructives

Dans la mesure où avoir peur équivaut à imaginer ou à amplifier un danger, savoir se rassurer et trouver des réponses constructives en tenant compte des moyens et des atouts aujourd'hui à sa disposition et en relativisant les risques réels encourus, tout comme relativiser le pouvoir de l'autre, sont des manières de se libérer de sa peur, si bien sûr on a par ailleurs trouvé le « pourquoi ». En effet, se rassurer seulement, on le sait bien, ne fonctionne pas.

Retrouver ses moyens

Si les peurs se développent, c'est bien parce que, au moment où se profile pour lui le « danger », l'enfant ou plus tard l'adolescent n'a pas tous les moyens psychiques, affectifs, physiques, intellectuels ou matériels de réagir, de se défendre, de se faire entendre, de trouver d'autres sources de réassurance, de sécurité, d'amour.

C'est l'ensemble de ces moyens qu'il est utile et presque incontournable de (re)trouver pour pouvoir se libérer de sa peur.

En effet, une fois adulte, face au « danger » qu'il imagine, l'individu peut objectivement trouver et mobiliser les moyens, les ressources, les attitudes adaptées, les atouts dont il dispose et auxquels il n'avait pas accès quand il était enfant, ou avoir l'audace de les mobiliser, ce qu'il peut ne pas avoir osé faire à l'époque.

C'est pourquoi il est si important de cerner où, quand, comment et par qui ces forces, ces moyens ont été coupés, et de retrouver le ressenti très personnel qui est associé à cela pour pouvoir plus facilement les retrouver aujourd'hui, ou pour pouvoir trouver, grâce au savoir de l'adulte qu'on est devenu, ce qu'il aurait fallu mobiliser à l'époque. On aurait pu :

- s'expliquer ;
- demander des explications ;
- exprimer ses besoins ;
- partir ;
- se battre ;
- réagir ;
- argumenter ;
- se détacher ;
- prendre du recul ;
- comprendre l'attitude de l'autre...

C'est de retrouver ses moyens réels qui permet de se rassurer, de se défendre, de se protéger dudit « danger » et petit à petit de se libérer de sa peur en passant à l'acte et en expérimentant une autre réalité que celle vécue ou perçue enfant.

N'oublions pas que si d'un côté la peur est bien réelle, elle reste une construction élaborée en quelque sorte à partir de données fausses : mauvaise interprétation des faits, des comportements et/ou mauvaise appréciation dans l'absolu de ses moyens.

...Quand on craint de ne pas pouvoir se « défendre »

On peut se rassurer en pensant que l'on a aujourd'hui les moyens de s'expliquer, d'argumenter, de porter son propre regard sur l'autre en réalisant ainsi qu'il n'a pas tous les pouvoirs. On peut aussi prendre de la distance, lâcher si on réalise après réflexion que le jeu n'en vaut pas la chandelle, aller se « battre » ailleurs, etc.

...Quand on craint de ne pas être aimé

On peut se rassurer par la reconnaissance de ses qualités propres, les marques d'amour, d'affection déjà reçues, la capacité que l'on peut avoir ou développer aujourd'hui à s'aimer soi-même...

...Quand on craint toujours une sanction

On peut se rassurer sur sa capacité d'autonomie et sur les ressources psychologiques, matérielles et affectives que l'on a aujourd'hui pour y faire face...

Et quand la peur est plus profonde ?

Dans la mesure où nous sommes en train de chercher à nous rassurer sur un plan plus rationnel qu'émotionnel, cette piste conduit d'autant plus à bon port que la peur n'est pas entièrement liée aux angoisses primaires.

Toutefois, il est toujours possible dans ce cas de se rassurer avec son autonomie matérielle et/ou affective acquise, par exemple si l'on a l'angoisse de la séparation ou celle de la fusion, avec ses moyens physiques, intellectuels, matériels pour pallier une peur de l'insécurité ou d'« impuissance ».

Relativiser les risques pour passer à l'acte

Quand on a peur, on a tendance à s'aveugler, à grossir l'obstacle ou le pouvoir de l'autre, à se laisser envahir par la pensée des éventuelles conséquences négatives pour soi, presque comme si sa vie était parfois suspendue et dépendait entièrement de l'issue des événements.

Or les risques sont souvent moins importants qu'on se les imagine. Si toutefois il en existe de réels, on peut alors, en rationalisant, les évaluer vraiment et une fois encore envisager les moyens objectifs dont on dispose pour les gérer au mieux.

En parallèle, il est souhaitable de réaliser que l'autre n'a plus les pouvoirs qu'il avait et/ou qu'on lui attribuait à l'époque où l'on était enfant et où s'est créée la peur.

Pour se rassurer et passer à l'acte, il est bon de savoir relativiser la force de l'autre, sa propre faiblesse et vulnérabilité ainsi que les conséquences de cet acte pour soi, etc.

Se bloquer sur sa peur, même si elle est immense, ne voir qu'elle en soi, de soi, est une façon de se dévaloriser et par conséquent de ne pas nourrir l'estime de soi, si importante précisément pour juguler ses peurs.

Les meilleures pistes à emprunter

Voici un récapitulatif des pistes de réflexion à emprunter pour trouver des « réponses » constructives :

- recenser ses ressources personnelles physiques, affectives, intellectuelles, matérielles ;
- savoir qu'on a un grand choix possible d'attitudes justes à adopter pour se défendre, se protéger, se valoriser… Elles impliquent souvent de sortir de son cadre habituel de fonctionnement – par exemple tâcher, surtout si l'on ne le fait jamais, de communiquer, de lâcher, de partir, de mettre une limite – et/ou de pensée. La plupart du temps, elles relèvent du bon sens ;
- penser au regard positif, aimant, valorisant, respectueux, non infantilisant d'autres personnes sur soi ;
- penser à des expériences, à des vécus différents et positifs ;
- relativiser le pouvoir de l'autre ;
- analyser le plus objectivement possible les risques réels encourus ;
- visualiser des progrès déjà réalisés sur sa peur.

Prenons comme exemple : la peur de l'autorité

- Il n'a pas le pouvoir de me juger = relativiser le pouvoir de l'autre.
- J'ai les moyens intellectuels d'avoir mon point de vue = recenser ses atouts.
- J'ai la capacité de m'expliquer, de faire valoir mon point de vue = penser différemment.
- Je connais des personnes avec qui je peux communiquer plus facilement = faire appel à un vécu différent.
- Il y a des personnes qui ont accepté, apprécié mon point de vue et qui me voient comme un adulte = penser à des regards positifs.
- S'il n'est pas d'accord, je ne cours pas un risque énorme = relativiser le risque.
- S'il y a un risque réel, j'ai les moyens matériels de subvenir à mes besoins = recenser ses ressources.
- Si nous ne réussissons pas à faire évoluer la relation, je cesserai de le voir = mettre une limite.

Se faire aider

Il ne faut pas hésiter à se faire aider pour se libérer de sa peur. Ainsi, on évite le risque de perdre beaucoup de temps et de ne pas réussir.

Quelques indications

Il est certain que plus l'origine de la peur est primaire, plus *a priori* le chemin sera long et plus il peut s'avérer nécessaire de faire un travail sur soi pour prendre conscience de l'origine de sa peur, pour mettre le doigt sur les facteurs bloquants, pour nommer et laisser sortir ses émotions, pour se reconstruire autrement et pouvoir libérer ses mémoires négatives dans la mesure où la charge émotionnelle est très forte.

Si l'origine des peurs est essentiellement d'ordre secondaire, prendre conscience du « pourquoi », retrouver les émotions qui leur sont liées, apprendre à se rassurer et à s'affirmer peut suffire pour se libérer de sa peur. J'ai vu chez de nombreuses personnes le blocage disparaître dès que l'on avait identifié la peur cachée et son origine.

Si toutefois le symptôme perdure, c'est qu'il existe alors des origines plus profondes, des origines primaires.

Les grandes familles de thérapies

Il existe de nombreuses méthodes thérapeutiques qui peuvent aider un individu à dépasser ses peurs plus ou moins directement.

Très synthétiquement, on citera les trois grandes familles de thérapies adaptées :

- *les psychothérapies* : très efficaces pour retrouver l'origine de ses peurs, pour déjouer les constructions et les résistances inconscientes, pour libérer les émotions bloquées ;
- *les thérapies corporelles et/ou énergétiques* : particulièrement intéressantes pour libérer les mémoires négatives inscrites dans le corps et par conséquent complémentaires aux psychothérapies, notamment en ce qui concerne les peurs dont l'origine est primaire ;
- *les thérapies comportementales* : valables pour le traitement de l'anxiété et surtout des phobies. « Elles aident la personne à surmonter les situations créatrices d'angoisse et à réduire l'anxiété d'anticipation qui multiplie les conduites d'évitement[1]. »

D'autre part, des séminaires de *développement personnel* peuvent s'avérer utiles pour apprendre à s'affirmer, à dire non, à gérer les conflits, etc. Cependant, s'il existe une peur cachée plus profonde, les techniques et les conseils se révéleront insuffisants car ils viendront toujours s'échouer dessus.

Savoir écouter ses besoins

Aucune thérapie, aucune méthode n'a le monopole de la guérison. Tout dépend du type de peur, de sa profondeur mais aussi de la sensibilité de chacun, de sa maturité et de son niveau à la fois de reconnaissance et de compréhension par rapport au problème en question. Ainsi, chaque

1. Cf. en bibliographie : Armelle et Pierre Angel, *Comment choisir son psy.*

cheminement est différent. Il appartient donc à chacun de savoir s'écouter et s'informer bien sûr.

Dans tous les cas, l'essentiel est de commencer ; en cette matière, une porte ouverte en ouvre toujours une autre. Mais il est certain, même si les résultats ne sont bien entendu jamais immédiats, qu'une thérapie, qu'une « formation » doit permettre d'avancer. Si, au bout de quelque temps, on sent que l'on n'avance pas ou que l'on n'avance plus, il peut être nécessaire de changer de méthode, d'approche thérapeutique.

Compte tenu de la complexité du mécanisme et de la construction de la peur, une méthode qui auparavant a fait progresser l'individu peut à un moment donné ne plus rien apporter.

Se faire aider est un choix nécessaire quand :

- on souffre trop ;
- on répète les mêmes erreurs ;
- on ne veut pas perdre de temps ;
- on est à un moment crucial dans sa vie ;
- l'enjeu est « vital » ;
- on en ressent tout simplement l'envie ou le besoin.

RÉCAPITULONS...

Parce que la construction d'une peur est complexe, il existe différentes voies pour cheminer et se libérer. L'essentiel est d'écouter ses besoins profonds.

Chapitre 10

Finalement, choisir de grandir

Savoir s'encourager

La peur ne se jugule jamais en une seule fois et on se sent parfois découragé à l'avance voire en cours de route ; on se demande si on réussira à vraiment se libérer. Pour commencer le chemin ou pour le continuer, il est important de savoir s'encourager.

Connaître et ne pas perdre de vue ses désirs

Connaître, reconnaître ses désirs quelle qu'en soit la nature est un excellent moyen pour s'encourager et « s'attaquer » à sa peur. En effet, c'est toujours parce que l'on désire faire, être autrement, réussir autre chose, s'épanouir que les peurs gênent et que l'on décide un jour de s'y confronter.

Ainsi, quand on a un blocage, il est très important d'écouter ses désirs, de les clarifier, de les préciser et de ne jamais les perdre de vue ; qu'il s'agisse de « petits » désirs modestes ou de désirs plus vitaux comme celui de vivre, d'exister, d'être heureux, d'aimer. Que la peur soit une « petite » peur – si toutefois il en existe – ou une peur plus existentielle, plus fondamentale, on ne peut vraiment décider de s'en libérer et s'encourager à continuer que si l'on connaît et si l'on ne perd pas de vue *son désir*.

C'est parce qu'il désire vivre sa vie que Guillaume se résout à se confronter à la peur de son père, c'est parce que Cecilia désire être heureuse qu'elle accepte de faire le deuil de sa mère, c'est parce que Pascal ou

Béatrice désirent respectivement s'affirmer en tant qu'homme et en tant que femme qu'ils finissent par libérer leur colère... Et il n'y a pas d'exception à la règle.

Toutefois, si l'on n'a pas de désirs, c'est le signe que la peur est colossale.

Visualiser les bénéfices à terme

Pour s'encourager, notamment quand la tendance est au découragement, au moment de faire un pas décisif, de passer à l'acte, parce que la peur *fait peur*, il est important de (re)visualiser les bénéfices, les avantages, les gains – dans tous les sens du terme bien sûr – que l'on peut retirer de cette avancée, de cette victoire sur soi.

> Comme pour la plupart des actes humains, c'est le but qui fait progresser. C'est d'autant plus vrai quand on doit se dépasser.

Redonner à l'autre sa vraie place

Comme les peurs viennent de l'enfance, l'individu quand il a peur reste d'une certaine façon l'*enfant* qui, en tant que tel, ramène souvent tout à lui, interprète tout par rapport à lui.

De fait, l'enfant ne peut pas comprendre que si son père ou sa mère ne lui manifestent pas suffisamment d'amour, c'est parce que, bien au-delà de lui, le parent n'en est pas capable pour des raisons qui sont les siennes, à cause d'une histoire qui est la sienne et qu'il ne comprend pas encore.

C'est ainsi que certaines peurs non seulement se développent mais aussi s'entretiennent.

Quand un individu ne se sent pas aimé, c'est l'enfant en lui qui souffre de ne pas se sentir aimé. Par conséquent, dans une posture et un état affectif d'*enfant*, il interprète alors tout ce qui se passe en fonction de *lui* et de *sa* douleur sans tenir compte de l'autre, du « point de vue » de l'autre.

Dans la mesure où la peur le maintient dans cette posture d'enfant, il a tendance à ne pas voir les limites de l'autre, à oublier son histoire, sa propre peur. Par conséquent, il ne réussit pas à regarder simplement l'autre comme il est, la réalité comme elle est, sans la déformer.

Élargir son champ de vision

Pour se libérer de sa peur, il est donc important de ne pas tout interpréter par rapport à soi et d'élargir son champ de vision et de compréhension. C'est nécessaire pour pouvoir prendre du recul. De plus, dans la mesure où l'on ne se considère plus comme le centre, la « cible », on peut aussi retrouver une partie de ses moyens.

Se mettre à la place de l'autre

On a intérêt à prendre l'habitude de se mettre à la place de l'autre pour mieux comprendre en dehors de soi ses propos, ses actes, en tout cas pour les interpréter autrement. En prenant alors davantage compte de son point de vue, de ses contraintes, de son histoire, on change de regard sur lui et on réduit d'autant sa peur.

Savoir « s'oublier »

Même quand on a très peur, savoir « s'oublier » comporte un triple avantage :

- en étant à même de « regarder » l'autre, je me mets davantage sur un pied d'égalité ;
- je peux plus facilement ouvrir mon champ de compréhension.
- en m'oubliant, j'oublie ma peur ;

Les trois attitudes sont liées entre elles et se renforcent l'une l'autre. Si j'élargis mon champ de vision, je m'oublie et je me mets plus facilement à la place de l'autre. Si je m'oublie, j'élargis plus facilement mon champ de vision et je me mets plus facilement à la place de l'autre. Si je me mets à la place de l'autre, je m'oublie et j'élargis mon champ de vision plus facilement.

Les trois attitudes indispensables

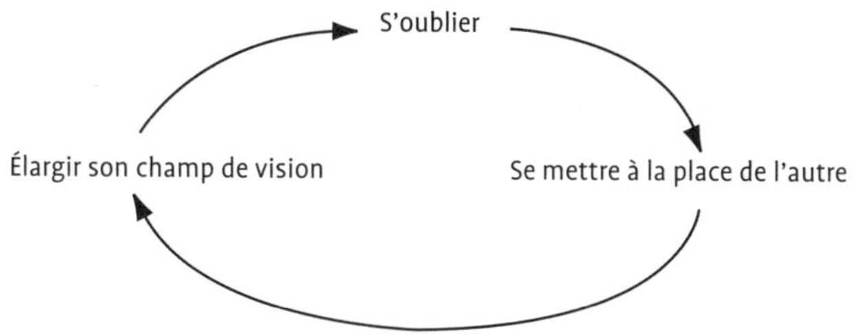

Développer la confiance en soi et trouver ses sécurités intérieures

De manière générale, plus on développe la confiance en soi, plus on se renforce intérieurement et plus les peurs quelles qu'elles soient s'en trouvent grignotées d'autant.

En développant la confiance en soi, l'individu prend confiance à la fois dans ses capacités, ses moyens, ses atouts et gagne infailliblement sur tous les plans en sécurité intérieure. Très concrètement, si je développe la confiance en moi, j'ai moins peur des ruptures, des sanctions, des représailles, du jugement, de l'autorité, de décevoir, de m'affirmer...

Le manque d'amour étant à la fois la principale origine du manque de confiance en soi et à l'origine d'une grande partie des peurs, il va de soi qu'en renforçant l'une (la confiance), on déjoue les autres (les peurs), puisque travailler sur la confiance en soi, c'est en partie réparer, guérir les blessures liées à ce manque initial.

Parallèlement, dans la mesure où en développant la confiance en soi, on (re)trouve ses qualités, ses potentiels, ses désirs, ses atouts, il est d'autant plus facile de les mobiliser pour pouvoir se rassurer !

Les deux mouvements qui consistent l'un à déjouer sa peur, l'autre à développer sa confiance sont parallèles et tout à fait complémentaires. Ils créent un cercle vertueux dans la mesure où plus on a confiance en soi, plus on déjoue ses peurs, mais aussi où plus on déjoue ses peurs, plus on gagne de confiance en soi !

Si cette voie permet dans tous les cas de grandes avancées, plus l'origine des peurs est primaire, plus il est incontournable de l'emprunter.

Épilogue

Une chose est certaine… les blocages ont tous une vertu : nous indiquer le chemin sur lequel aller pour grandir…

Bibliographie

A. Adler, *L'inconscient*, CEPL, Paris, 1976.

A. Adler, *Connaissance de l'homme*, Payot, Paris, 1966.

A. Adler, *Les névroses*, Aubier-Montaigne, Paris, 1969.

C. André, *Psychologie de la peur*, Odile Jacob, Paris, 2003.

A. et P. Angel, *Comment choisir son psy*, Robert Laffont, Le Livre de Poche, Paris, 1999.

T. d'Ansembourg, *Cessez d'être gentils, soyez vrais*, Les Éditions de l'Homme, Montréal, 2001.

A. Birraux, *Les phobies*, Paris, PUF, 1995.

J. Brousta, *L'expression, psychothérapie et création*, ESF, Paris, 1996.

M. C. Cabie, L. Isebaert, *Pour une thérapie brève*, ERES, Toulouse, 1997.

L. Chneiweiss, E. Tanneau, *Maîtriser son trac*, Odile Jacob, Paris, 2003.

J. Cottraux, *Les thérapies comportementales*, Payot, Paris, 1981.

J. Cottraux, *Les visiteurs du soi*, Odile Jacob, Paris, 2004.

F. Dolto, *Psychanalyse et pédiatrie*, Le Seuil, Paris, 1971.

J.-L. Emery, *Surmontez vos peurs*, Odile Jacob, Paris, 2002.

F. Fanget, *Affirmez-vous*, Odile Jacob, Paris, 2002.

R. Fiametti, *Le langage émotionnel du corps*, Éditions Dervy, Paris, 2004.

S. Freud, *Inhibition, symptôme et angoisse*, PUF, Paris, 1968.

S. Freud, *Introduction à la psychanalyse*, Payot, Paris, 1961.

S. Freud, *Le moi et ses mécanismes de défense*, PUF, Paris, 1949.

S. Freud, *Essais de psychanalyse*, Payot, Paris, 1969.

A. Girard, *Le choix du conjoint*, PUF, Paris, 1964.

D. Goleman, *Surmonter les émotions destructrices*, Robert Laffont, Paris, 2003.

R. Held, *Psychothérapies et psychanalyse*, Payot, Paris, 1968.

P. Janet, *Les névroses*, Flammarion, Paris, 1909.

C. G. Jung, *La dialectique du moi et de l'inconscient*, Gallimard, Paris, 1964.

C. G. Jung, *L'homme à la découverte de son âme*, Gallimard, Paris, 1964.

A. Kardiner, *L'homme dans la société*, Gallimard, Paris, 1969.

M. Klein, *La psychanalyse des enfants*, PUF, Paris, 1975.

J. Laplanche et J.-B. Pontalis, *Vocabulaire de la psychanalyse*, PUF, Paris, 1973.

R. Laing, *Soi et les autres*, Gallimard, Paris, 1971.

R. Linton, *Les fondements culturels de la personnalité*, Dunod, Paris, 1953.

G. Macqueron, S. Roy, *La timidité ; comment la surmonter*, Odile Jacob, Paris, 2004.

B. Malinowski, *La sexualité et sa répression dans les sociétés primitives*, Payot, Paris, 1961.

M. Mannoni, *L'enfant, sa « maladie » et les autres*, Le Seuil, Paris, 1967.

M.-L. Pierson, *Guide des psychothérapies*, Bayard, Paris, 1993.

J. Van Rillaer, *Psychologie de la vie quotidienne*, Odile Jacob, Paris, 2003.

J. Van Rillaer, *Peurs, angoisses et phobies*, Bernet-Danilo, Paris, 1997.

J. Van Rillaer, *Les thérapies comportementales*, Bernet-Danilo, Paris, 1995.

Table des matières

PEFC
PEFC/10-31-1316
PROMOUVOIR
LA GESTION DURABLE
DE LA FORÊT

Imprimé en France. - JOUVE, 1, rue du Docteur Sauvé, 53100 MAYENNE
N° 923168W. - Dépôt légal : juillet 2012